中國古代思想研究

安本 博
YASUMOTO Hiroshi

文芸社

まえがきに代えて

筐底から引っ張り出してきて、黴臭くなった論稿を一書に纏めている後ろめたさめいたものを隠微に感じている中で、事々しくまえがきを記すのも憚られる。かといって、まえがきのない一書もこれまた脣亡んで歯寒しの感を拭えない。

中国の古典を通してその思惟の問題について些か考えてきた中で、『論語』を講述していて改めて気になったのが子路篇の次の章句である。世情のまえがきの体例に照らせば、例を異にすること甚だしいが、窮余の一策ならぬ一筆とした次第である。

子貢問ひて曰はく、郷人皆之を好めば、何如(一本如何に作る)、と。子曰はく、未だ可ならざるなり。郷人皆之を悪まば、何如、と。子曰はく、未だ可ならざるなり。郷人の善なる者は之を好み、其の不善なる者は之を悪むに如かざるなり。

「郷人皆好む」「郷人皆悪む」と問うている子貢は、郷人はすべて好む人ばかり、郷人の総てが悪んでいると仮定しているのである。孔子の答えは、郷人総てが好むとか悪むということをあり得ないと考えている、と解釋してよいだろう。想定できる諸事情は措いて、言辭だけで論理立てると子貢と孔子の間を隔てているのは「皆」の一字である。子貢が郷人一人残さずという意味で「皆」といっているのか、はたまた殆どの人を指して「皆」と言っているのかは分からない。仮に郷人の百パーセントの意味を「皆」に託しているとすれば、孔子の答えは當を得ていない。恣意的に九十パーセント乃至は八十パーセントの郷人として解釋して答えていることになるだろう。

孔子の答えから整合性を求めて子貢の問いの「皆」の意味を追求すると、子貢は「皆」の意味を「おおよその郷人」とか「大概の郷人」とかの意味で使っていることになる。『論語集釋』に引く『論語稽』は、「言ふこころは、郷人固より其の公を見めず、然れども郷に等しくして之を上ぐれば、則ち國有り。國人の好惡、且つ時有りて據とするに足らず。況んや郷人をや。子貢の病、皆の一字に在り。善者は好み、不善者は惡めば、則ち中に卓見有り、徒に郷の評を以て據と爲さず」と注釋している。孔子の側に立った整合性の担保である。

「皆」の一字にこの問答の問題点が潜んでいることを喝破している炯眼も論理の徹底性は欽いている。中庸を得た解釋と言えなくもないが、中国的思惟の、敢えて言えば、限界を示しているとも言えるのではなかろうか。

所見の時代に學恩を蒙った恩師の木村英一先生、森三樹三郎先生、日原利國先生の諸先生も今の若い研究者には所聞の時代の泰斗になられてしまった。恩師の學徳を入れるには器が狭小に過ぎ、中國古代思想研究と銘打つのも諱むべきことと存念してはいるが、大きな風呂敷を借りてみた。
漢字を並べたタイトルを敢えてそのままにしたり、正字體に拘ったのも初出原稿の體裁を襲ったに過ぎない。原漢文をせめて総て訓讀文にすることも考えたが、紙幅の都合も之有って斷念した。

辛丑の歳　季夏吉日

安本　博

目次

第一編　論語と中庸

孔子の孝と中庸と

孔子の思想の基本的な立脚點がどうであったのか。彼のことばを借りて言えば、「三十にして立ち」「四十にして惑はず」という彼自身の精神の遍歴の獨白にみられるところの、言い換えれば、彼の思想が支えられ、かつ收斂したその思想が外へむかって彼を支えているとみられるところの、その當の立脚點とは何であったのであろうか。

その思想の根幹は、一言以て之を蔽はば、「仁」であったというようなことで解決しうるようなものでは決してなかろう。それでは單なる說明でしかないのだから。「仁」がその到達點になっているのだと言うだけでは、思想の表面をなぜただけに過ぎなかろう。むしろ、彼の思想を最終的に表現することばが假りに「仁」であるとするならば、その「仁」なる概念を創出する、嚴密に言えば、「仁」なることばに新しい意味を附與するに至る思想の內的構造の理解があってはじめて、「仁」が掲揚されていることの意味が分明になるものであろうし、それこそが彼の思想のまっとうな理解なのではなかろうか。

その思想がどのような點で際立って明らかにされるか、特徴はどのようなところにあるのかを考える場合、それに對立する立場に立つ思想を問うことによって、その思想の特徴をより明確にするということは一方法であろう。

孔子の思想と對極に立つ立場とはどんな考え方なのか、孔子と鋭く對立する思想的立場とはいかなる立場なのか、を考えるのは極めて難しいことである。殊に孔子の思想の場合、單純にこれが彼に對立する立場であると論斷することは輕率の譏りを免かれ難い。思想の根柢において眞に對立するものであるというように容易には言いうるものではあるまいから。從って、その思想と深い關わりをもつことは言うまでもないのであるから、そのあり方、生き方の點で對比的なあり方を示す立場のものに着目して、孔子のあり方を特徴づけてみることがその思想的特色の解明の上でも有力な手がかりになりえよう。かかる考え方にのっとって孔子のあり方の對極に立つと考えてよいそれを『論語』に限って檢證すると、孔子のあり方に對して批判的態度をとる人々が散見する。次に擧げる章句などは好箇な事例であろう。

長沮・桀溺耦而耕、孔子過之、使子路問津焉、長沮曰、夫執輿者爲誰、子路曰、爲孔丘、曰、是魯孔丘與、曰、是也、曰、是知津矣、問於桀溺、桀溺曰、子爲誰、曰、爲仲由、曰、是魯孔丘之徒與、對曰、然、曰、滔滔者天下皆是也、而誰以易之、且而與其從辟人之士也、豈若從辟世之士哉、耰而不輟、子路行以告、夫子憮然曰、鳥獸不可

與同羣、吾非斯人之徒與而誰與、天下有道、丘不與易也、（微子篇）

所引の一章が果して孔子の姿をそのままに傳えたもの、つまり、孔子にとって事實生起したことであり、孔子自身のことばであったのかどうかは、極めて疑わしい章であることは言うまでもない。孔子の眞實をありのままに傳えるものでないとしても、この一章が示唆する內容は決して輕くはない。少なくとも、『論語』編纂者にとっては等閑視しえぬ思想上の課題をもった內容をもち、彼らにとっては孔子の課題の一つがそうであったとみていたことの反映であろう。別の表現をすれば、孔子をみる側の人――『論語』の編者を含めた人の思想的課題の關心の所在が孔子の思想として投影されて、說話化したものであるとは言えよう。

微子篇の孔子に關する長沮・桀溺との說話が孔子の事實を傳えるか否かには問題があることを留保しつつも、微子篇に記錄する孔子のことばは、孔子自身が立っている場所――思想的立脚點を確認したことばとみてよかろう。

「鳥獸は與に羣を同じうすべからず、吾は斯の人の徒と與にするに非ずして誰と與にせん」という孔子のことばには、孔子自身が據って立つ自らの立場の表明がある。人間が社會的存在であることを確認したことばとみてよい。社會的存在たる人間が、人との關わりを否定しては生きてゆくことはできないのだ、という孔子の認識が、かかる發言となって表明されたものである。

歴史的な事實として、長沮・桀溺のような隱者と目される人達がどのような生活を營んでいたのか。文字通り「耦して耕し、耰して輟め」ざるといった農耕生活をこととし、「滔滔たる者は天下皆是れなり。而るを誰か以て之を易へん。且つ其の人を辟くるの士に從はん與りは、豈に世を辟くるの士に從ふに若かんや」と時代とその情況に關わることを拒否し、ここの君主は名君だ、あそこの宰相はみこみがない、となまぐさい世界にのめりこんで人を辟けている孔子を白眼視し、自らは世を辟けるという生き方が、少なくとも隱者のもつ一般的性格をより包括的に簡略化して象徴化されているにしろ、當時の生活者の實態たりえたのかどうか。

『論語』にみえる隱者のありようを他に例をとってみてみよう。社會に背を向けた隱者との對話、孔子及びその學派の人々との思想的對決を傳える章句としては、憲問篇に次のような文がある。

子路宿於石門、晨門曰、奚自、子路曰、自孔氏、曰、是知其不可而爲之者與、

天下を周流し、そのことが晨門にとって既知のことであったか否かは問えないまでも、「匡に畏せられ」「陳蔡の間に厄せられ」桓魋に殺されかかるというような生命の危殆に頻する危難を冒してまでも、自己の理念——「天下有道」を實現しようとする孔子の行爲とあり方を冷ややかに揶揄する。孔子の〈道〉實現のための行爲が晨門にとっては時代と自己とをわきまえぬ姿にしかみえぬのである。

更に次のように孔子の内面にまで立ち入って批判を加える隠者のことばがみえる。

子擊磬於衞、有荷蕢而過孔氏之門者、曰、有心哉、擊磬乎、既而曰、鄙哉、硜硜乎、莫己知也、斯已而已矣、深則厲、淺則揭、子曰、果哉、末之難矣、（憲問篇）

「心有る哉、磬を擊つ乎」と磬の音色から孔子の內面にまで立ち入り、「深ければ則ち厲し、淺ければ則ち揭す」と『詩』を援用して、その處世術の稚拙さを嘲笑する。これに對して、孔子は、隱者のあり方をば、果斷であるとし、極端に走ることはそれほど難しいことではないのだとして、自ら隱遁者となることを峻拒する。

孔子のあり方を批判的にうけとめ、自ら孔子の徒となることを肯んじない隱者の、孔子を批判する視點とは何か。上引の微子・憲問兩篇の章句からも理解できるように、孔子が「其の不可なるを知りて之を爲す者」であり、「己を知ること莫き」者であることへの批判である。より直接的に隱者のことばを借りて表現するならば、「已みなん已みなん、今の政に從ふ者は殆ふきのみ」（微子篇）ということである。理念を抱じて現實の政治に關わることの無意味さ、更には政治に關與することの危險性を、隱者は指摘する。

隱者とはどのような存在か。『論語』に登場する隱者の思想がどのようなものであったのかを體系的に知ることはできぬが、少なくとも孔子批判者として現われる隱者は、當然孔子と同樣に現實政治の問題に關わりうる能力をもち合わせていながらも、その能力を使用することに躊躇を覺え、一方、孔子がかかえている課題に關しても決して冷淡なのではない。但、その課題の重大さと自己の存在との關係に積極的意義を見い出すことができない。より嚴密に言うならば、積極的意義を見い出すべき狀況ではないとの現實認識のもとに自己のあり方を定める。孔子が人間という〈群〉から決定的に離脱することができなかったのに對し、隱者は〈群〉から離脱した存在として、自己の存在の確認がなされる。〈群〉への歸屬意識が稀薄であると言ってもよい。社會的存在としてよりも、個別的存在の樣式を重視する。それ故に、孔子の存在樣式への批判も痛烈を極める場合がある。

子路從而後、遇丈人以杖荷蓧、子路問曰、子見夫子乎、丈人曰、四體不勤、五穀不分、孰爲夫子、植其杖而芸、子路拱而立、止子路宿、殺雞爲黍而食之、見其二子焉、明日子路行以告、子曰、隱者也、使子路反見之、至則行矣、子路曰、不仕無義、長幼之節、不可廢也、君臣之義、如之何其廢之、欲潔其身、而亂大倫、君子之仕也、行其義也、道之不行、已知之矣、

所引の一章もまた微子篇に載せるところであるが、丈人の視點には、前引の微子篇の隱者のそれとは異なった點がある。生活者の視點からの孔子批判、延引して言えば、〈政〉へ關わる者への批判的精神がこめられていると考えてもよかろう。「四體勤めず、五穀分たざる」孔子が指彈される。上引の長沮・桀溺がやはり「耦して耕す」生活者である點からみれば、彼らの孔子批判には、孔子自身の生活の根據をもたぬ存在樣式に對するものが中心を占める。孔子自身の立脚點が生活という物差しで點檢される。

隠者のように直接的な生産と結合しているか否かは問えないまでも、生活という物差しで測定するならば、孔子にも次のようなことばがみえる。

子曰、賢哉回也、一簞食、一瓢飲、在陋巷、人不堪其憂、回也不改其樂、賢哉回也、（雍也篇）

弟子顔回の生活は正しく引例してきた隠者達の生活と大差なく、殆ど隠者的な生活を營んでいたものと解してもよかろう。そのような顔回を、否、そのような生活を平然として送れるが故に、顔回を賞讃した孔子の價値判斷の基準の中に隠者的な生活態度を否定し去るものはなかったとみてよい。孔子自身もまた「疏食を飯ひ水を飲み、肱を曲げて之を枕とす、樂しみ亦た其の中に在り、不義にして富み且つ貴きは、我に於いて浮雲の如し」（述而篇）と決然と言い放っている。顔回への讃辭も含めて、修養修行論的な生活評價という點で、本質的に隠者的生活とは異なるにしろ、また、生活を支える基盤を問う隠者に對して生活意識の缺落がみられるにしろ、自らの理念信條にもとづいた生活という點でみるならば、隠者と孔子・顔回との間には大きな逕庭はない。

隠者的な生活態度、より廣く言って隠者的な存在様式を支える思想的原理は何であったのか。老莊的な思想との密接な關係がそこにみられると解釋するのが普通のようである。[注1]しかし、孔子が引きずっていた生活の影の部分に隠者的な生活の姿がほのみえていた、とは言えるであろう。その隠者が「老莊的な臭味」を帯びていたのか否かは問わないとしても、孔子の姿勢にほのみえる隱者的なるものが、隱者にかぎわけられてその存立の基盤、思想的立場が問われ、その故に嘲笑と揶揄を受けたとしてもありうべきことである。少なくとも『論語』編纂者の孔子像に卽すれば、上のように言いうるであろう。

隱者をして隱者たらしめている思想的契機とは何か。前にも少しふれたが、隱遁の思想の本質的要素としては、現實世界からの離脱が先ず考えられる。それは隱遁するものの心的傾向として把握してもよいものである。ここで隱遁の思想一般を概括的に論ずることはできないが、『論語』にみえる隱者の孔子、あるいはその弟子への對應に卽して判斷するならば、その隱者の心的傾向として考えてよいこととしては、〈生の滅び〉への恐怖が存するということではなかろうか。「現實」の受容を拒否しながら、〈滅び〉への怯えを覺えるということは興味のあることである。よりよき〈生の實現〉を希求する立場に立つと考えてよい孔子の「志士仁人は、生を求めて以て仁を害すること無く、身を殺して以て仁を成すこと有り」（衞靈公篇）という發言は、狀況の設定なしに記錄されてはいるけれども、上述の隱者の心的傾向に伴う思想の對極に位置する。〈生の滅び〉への不安と〈生の實現〉への獻身とがクロスするところに人間の生の實相がさまざまな樣相を呈して現象しているものと考えられるが、そのことのもつ意味を分析的に考察してみよう。

孔子と長沮・桀溺、晨門、蕢を荷う者といった隱者とみなされる人々とのあり方の問題の中には、社會と個人、換言すれば〈公〉と〈私〉の問題がはらまれていると考えてよかろう。個人というひとりの人間が、社會から獨立した存在であるのか、社會に從屬した存在であるのか、あるいは社會と共在する存在であるのか、という問題として捉えかえすことができよう。このように問題をたてて、上引の章句の對話や說話をみるとき、明らかに隱者達は個人の存在に力點を置き、しかも個人の孤立的な存在をよしとする側に加擔する。彼らは必ずしも社會の存在を否定するものではなかろうが、社會的な諸事象に關わることを拒否する。いわば〈私〉概念を〈公〉概念に優先せしめる。

孔子の基本的立場は、「仁」の完成、實現のためには〈私〉の否定ということも要請する。そのことは前引の衞靈公篇のことばからも明瞭である。しかし、仔細に檢討を加えるならば、その出處進退觀からも導き出しうることであるが、孔子は〈私〉概念を常に〈公〉概念の下位に置くものではない。出處進退に關わることであるが、弟子の南容を「邦に道有れば廢せられず、邦に道無ければ刑戮より兎る」と評價して、「其の兄の子を以て之に妻は」（公治長篇）した事實から判斷しても明らかにみてとれるように、〈私〉の意識を無視するものではない。この章句から判斷すれば、むしろ〈私〉を守りうるからこそ、私の分身たる「兄の子」を妻わすことにしたのである。因みに言えば、孔子その人の子を妻わした公治長に對しては「縲紲の中に在りと雖も、其の罪に非ざるなり」と評する。公治長が何故縲紲の中に在ったのか、あるいは現に在るのかは全く分明にしえぬことであるが、孔子からみて公治長は人としてのあり方からはずれていない人物として評價された。法は公權力の行使に伴って效力を發揮するものであるが、「惡法も法である」との考え方に立つならば、公冶長が縲紲の中に在ったことを「其の罪に非ず」とするのは、公權力の側からみれば〈私〉の重視、〈公〉の輕視とみなされるものでもあろう。公權力の質的構造、形成要件といったことが問題にされること、言うまでもないとしても。

更に公私概念を機軸にして孔子の立場を檢討してみよう。孔子の立場の本質がより象徴的に露わにされることばは次に引用する章句であろう。

葉公語孔子曰、吾黨有直躬者、其父攘羊、而子證之、孔子曰、吾黨之直者、異於是、父爲子隱、子爲父隱、直在其中矣、（子路篇）

葉公の「直」把握が、「他人の所有物を竊取することは惡である」とする普遍的律法の視點からなされているのか、「法」の前では父子間に於いてすら、一方を他者として視て、その不正を摘發すべきであるという視點からなされているのか。恐らくこの說話のはらむ意味は、道德的視點をそのまま法的視點へ移行している點に存するであろう。葉公は支配する側に立つ爲政者であるから、子が父を、あるいは父が子を證することを通して公的秩序の安寧が維持されることを望む。權力の把持者、體制組織者にとっては、父子間に生ずる「親親の情」も、それが公的秩序維持に有效な機能を果たしうる限りでは望ましいものとして、それに依據し、秩序維持の補完機能とするが、公的秩序の紊亂をもたらす原因になると考える場合には、正當性をもつこととして社會的に承認されていることに依據して、子が父を、父が子を證することを「直」なることとして是認する。

これに對して孔子は父子間に生ずる恩愛の情――「親親の道」を最優先させる。「仁を爲すの本」たる〈孝〉の立場を絶對的に容認することを前提にする孔子は、「羊を攘む」行爲それ自體の善惡の判斷よりも、否、その行爲が惡であると判斷しているが故に、むしろ父子關係という血の繋りを絶對的なものとして、父が子を、子が父をかばい合うそのことの中に「直」なることが存するとする。「或ひと醯を乞ふ、諸を其の鄰に乞ふて之に與へ」た微生高の行爲をば「直」なることと評價しなかった孔子の「直」概念設定の立場は明白であろう。孔子が微生高に要求する「直」なるべきあり方とは、むしろ葉公の説く「直」に近いものである。われわれのことばで言えば、「直」とは、「ありのまま」ということであろうから、葉公と孔子の論爭は、「ありのまま」に關する兩者の價値爭奪ということであろう。子が父を證する場合、子にとっては、それが普遍的倫理觀、あるいは利害を伴う打算に支えられているにせよ、肉親の情を否定超克しなければなしえない行爲であるが故に、孔子にとっては「直」と稱しえない。肉親間の相互告發を決してありのままなることだとは考えない。

子が父を、父が子をかばい合うことの中に「直」があるとする考え方は、「攘羊」という事實の生起をなきことにしようとする論理――ありのままとはなきことであるという論理であって、極端化すれば、ありのままにあるものとは、父子間の恩愛の感情のみということになろう。肯定的な觀方で捉えるならば、父子間の愛情の確立こそが先決問題とされるということにもなる。そして『老子』の言う「六親和せずして孝慈あり」との批判を免かれる。

公私概念で捉えるならば、公的秩序の安寧よりも父子間の愛情の確立が重視されるのであるから、父子――家族という〈私的〉概念によって表現される單位が〈公〉概念に優越する。隱者との對比の中で考究した視點を導入するならば、父子――家族という〈私〉の關わる關係に依據する〈私〉、假りに言えば、〈第二の私〉が行爲規範の準則となる。純粋なる〈私〉の側からみれば、その私的領域を形成する〈第二の私〉は〈公的原理〉にみえるものである。事實、孔子自身は〈孝〉をば、後述するように〈公〉概念形成のための原理として自ら措定している。にもかかわらず、孔子のこのような思想の特質がはらんでいる問題點、なかんずく〈孝〉に依據する秩序原理の問題點を極端化することによって韓非子は鋭く指摘する。思想史的な展開の點で飛躍があることは認めつつも、思想それ自體の問題として考える素材として引用してみたい。

楚有直躬、其父竊羊而謁之吏、令尹曰、殺之、以爲直於君而曲於父、報而罪之、以是觀之、夫君之直臣、父之暴子也、魯人従君戰、三戰三北、仲尼問其故、對曰、吾有老父、身死莫之養也、仲尼以爲孝、擧而上之、以是觀之、夫父之孝子、君之背臣也、故令尹誅而楚姦不上聞、仲尼賞而魯民易降北、上下之利、若是其異也、（五蠹篇）

韓非子は、孔子の孝重視をば、私的領域に屬する家族に依據するものとして、公的秩序維持に伴う政治的權力的支配にとって不適切な統治原理・秩序原理とみなす。〈孝〉を〈公〉と背馳する概念とみなすのは、公的領域を強く意識した立場からのものであり、「仁を爲すの本」たる〈孝〉が本質的に具有する私的領域を清算ないしは超克することなく、公的領域を形成する原理とするところに批判がむけられたのである。しかし、孔子は自らの立場からの重要な秩序原理とみなし、〈孝〉をば公的秩序を形成し、支持する最も根柢的なものと認識して意味をもたせる。

或謂孔子曰、子奚不爲政、子曰、書云、孝乎惟孝、友于兄弟、施於有政、是亦爲政、奚其爲爲政、（爲政篇）

所引の章句は、『書』の引用問題を含めて定論のない一章である。その要旨は次のようなことであろう。實際政治に關與することなく、政治問題、政治の是非、政治理念等について發言する「評論家的な」態度に對する批判をうけて、孔子は政治に關わることの意味を說く。親への〈孝〉こそが、兄弟への友愛を生む源泉であり、〈政〉ある狀態をもたらす基本だと主張する。「政」なる概念把握の相違がこの問答の背後にみられ、質問者には政教分離の認識があって、孔子との間には時代認識のずれがかいまみられる。

個人の生き方、ないしはあり方が、政治と極度に結合されるとき、政治とは權力を根柢的に支柱に据えるものであるから、當然個人の生き方は政治に從屬せしめられる場合が多く生じる。個人が無慘にも政治という力に服屬せしめられたのが人類の歴史である。ところが、孔子は個別特殊的な、個別特殊的であるという點で普遍的な關係に生ずる情念・情緒を道徳的源泉として政治を形成する原理、嚴密に言えば補完的な原理として重視するのであるから、個別を優先せしめて、個別的な〈利害〉をその情念にからませるとき、前引の韓非子の批判を引用するまでもなく、〝事實〟として公私背馳、公私分離の問題が生じる。

「孝」とは何か、とは難しい問題である。注2「孝」とは個別的な良心とか、あるいは個別的な好惡に隨って生ずる認識、あるいは善惡に對する價値判斷に支えられて生ずる「德」ではない。つまり、「孝」とはそれ自體で獨立しうる德性として捉えられるものではなく、正に絶對的な他者である〈親〉の存在を前提とする。〈親〉が絶對的な存在として意識されることが孝成立の前提條件となる。親子という關係の中で、子が親に對して抱く理窟抜きの情念を基礎として絶對的に傾けるべきものが「孝」とみる。「子曰、父在觀其志、父歿觀其行、三年無改於父之道、可謂孝矣」（學而篇）と表現されるように、「孝」は親の死後にも關わらねばならぬ制約を要請するものとされる。從って、「孝」とは子の親に對する情念に限らず、祖先崇拜と結びつく宗教的な原始觀念でもあろう。注3と同時に、親が死後も子によって意識され、親の生前の行爲が規範として生者を制約するのであるから、その意味では「歴史形成」の原點ともなる、と考えるのは穿ち過ぎであろうか。

孔子の説く「孝」なるものが、前引の爲政篇にみられる如くに秩序原理の觀念として構想されると同時に、子路篇の直躬説話に含意される公的秩序紊亂をもたらしかねない觀念としても機能する兩價的な構造を具備していることに注目しなければなるまい。公的領域形成に機能する側面と私的領域へ引きずり込まれてゆく可能性とを本質的に具有する「孝」の兩價的構造は、隱者との思想的對決の中で述べた進退觀にみられる兩價的構造と類似する。そして、孔子にとって、この兩價的構造を總體として包含する、換言すれば、背反する價値を並存せしめるあり方こそが、〈中庸〉なのではなかろうか。

孔子が「中庸」に言及するのは、『論語』では僅かに雍也篇の「中庸の德爲るや、其れ至れるかな、民鮮きこと久し」の一個所だけである。この章句がどのような意味を傳えようとしているのか、他の『論語』のことばがそうであるように唐突で理解し難いが、具體的な行動・出處に關する人のあり方の問題を意識した發言であろう。そのことはともかく、「中庸」とは、偏りがなく極端を避け、一定性のある行爲狀態を表わす概念として理解してよかろう。不偏で中なるとは、何らかの尺度があってはじめて、偏るとか中庸とかの問題が生じるのであるから、規準となるべき尺度がない場合、「中庸」の概念は成立しえない。「中行を得て之と與にせざれば、必ずや狂狷か。狂者は進取し、狷者は爲さざる所有るなり」(子路篇)という如く、「中行」とは狂者や狷者の存在を前提にして確認される概念である。中庸が中行と同一概念であるのかは問題であろうが、中庸ならざるものの存在を通して中庸は意識され問題化される。一方「狂」「狷」もまた中行の概念に導かれて意味が附與されていること、論ずるまでもあるまい。いずれの概念が先行的に成立したのかを追求するのは不可能である。否、無意味なことであろう。とすれば、「中庸」「中行」とは他者の介在をまって成立する〈對待的〉な概念とみてよい。〈孝〉が獨立した徳目として概念たりえないのと同一である。それ自體が獨立した徳目として成立しえない、根據を他に依存する點では〈中庸〉もまた〈孝〉と同じい。ただ〈中庸〉の位置を定めるためには、行爲者の選擇という知的反省、省察に伴う價値判斷が不可缺であり、〈孝〉が血の繫りという絶對的な絆によって支えられるのに比ぶれば、自己の立場の設定なしには〈中庸〉は成立しえない、という相違は存する。しかも〈中庸〉は、前述の如く固有に獨立しうる徳でないが故に、〈中庸〉が成立するためには、人間の文化に對して、狹義には人間のあり方に對しての歴史的な省察が加えられねばならぬ。人間が行ってきた、あるいは行っていることとからの集積を通じて、中正なるものを選擇することによってしか〈中庸〉は發現しえまい。その意味では〈中庸〉の發見とは〈道〉とも結びつく。〈道〉はイメージとして未來に關わる理念であるが、〈中庸〉が〝日常性への回歸〟をその本質にするのは正に〈孝〉が求心的な徳としての構造を具え、それに依據するところからの當然の歸結である。そして、孔子の説く「中庸」概念の把握は殆ど資料的に不可能であるが、〈中庸〉とは〈孝〉を機軸にして捉えるならば、〈孝〉が公的領域を形成する原理として認識されるときに發見された理念としてのあり方だったのではなかろうか。

一般論としては、「命を知らざれば、以て君子と爲す無きなり」（堯曰篇）と論じ、個別特殊的には「五十にして天命を知る」（學而篇）と說くように、孔子は具體的實踐原理の彼方に自らの據るべき、自己あるいは人間が支えられていると考える何かとして〈命〉を意識し、問題にする。自らの依據すべき形而上的原理として〈命〉を捉える。「道の將に行はれんとするや、命なり、道の廢たれんとするや、命なり」（憲問篇）とのことばに典型的にみられる如く、形而下的原理としての〈孝〉と同じく〈命〉もまた兩價的概念として機能せしめられる。「道の行はれること」にも「道の行はれないこと」にも〈命〉が關わるとするのは、命の存在を窮極的な論理として否定するということにもなろう。注4 その意味では〈命〉を不條理なるものと認識していたと言える。

說話として傳えられる「莊子の妻死す。惠子之れに弔す、莊子は則ち方に箕踞して盆を鼓ちて歌ふ」（『莊子』至樂篇）に象徵されるような徹底した〈私〉の立場に立てば、〈命〉に自己が支えられていると明確に認識するが故に、「我れ噭噭然として隨ひて之に哭せば、自ら以て命に通ぜずと爲す」（同上）と、〈命〉を設定し、受容した論理の整合性に忠實たらんとする。〈命〉をば條理化して認識しているとみてよい。とすれば、孔子と莊子あるいは莊子的なるものとが、思想のこととして絡み合い鬩ぎ合うのは、條理と不條理——

「人爲」と「無爲」とが交叉し轉換するはざまだったのではなかろうか。

注

（1）例えば、武内義雄『論語之研究』二一七頁〜二一八頁（昭和十七年、岩波書店）

（2）加地伸行氏は「孔子における愛と死と〈孝〉と」の中で「孝」を〈零次的孝〉〈一次的孝〉と分析される。（『東方宗教』第廿四號、昭和三十九年、日本道教學會）

（3）「孝」字について、字源的には「金文にみえる孝は、多く祖考を祀ることをいう。……生人に對して事える意の字ではない。」と説明される。（白川静『説文新義』巻八、一二八頁〜一二九頁、昭和四十六年、五典書院）

（4）孔子の命の問題については、森三樹三郎博士の『上古より漢代に至る性命觀の展開』に詳しく述べられている。（昭和四十六年、創文社）

子入大廟毎事問章或解

『論語』をどう読むのか、ということは、いつの時代、誰にとっても興味と関心をそそられてきた問題である。[注1]

『論語』をどう読むのかということは、つきつめれば、『論語』の一章一章を、あるいは一句一句、更には一字一字をどう読みとるのかということに深く関わるものであるといったことは今さら口に出すのも憚られるような問題である。そして、これも言うに躊躇いを覚えることであるが、『論語』の一字一句一章はそれぞれ『論語』全体を規定していると同時に、全体として規定された『論語』は、これまた一章一句一字の細部に深く関わって、その意味の規定に影響を及ぼすことになるのである。

『論語』二十篇が孔子の自著ではなく、多くの先人の研究によって明らかにされているように、孔子に関係の深い弟子もしくは再伝の弟子たちによって纏められた文献であることは否定することのできない歴史的事実であろう。

『論語』二十篇は、一時に成立したものではないこと、少なくとも前の十篇と後の十篇との成立の時期が異なっているということは共通の諒解事項であると言ってよいだろう。成立の時期を異にするということは、単に編纂者が異なっているということを想定させるだけでなく、編纂の意図の相異の問題にも考慮を払わなければならぬことを意味する。

例えば、形式的な面からみても、前十篇では孔子の言葉の引き方が例外なく「子曰」とされているのに、後十篇、といっても「季氏篇」に限られるが、ここでは「孔子曰」とされていること、あるいは、子張篇のように、孔子ではなく孔子の弟子達の言葉だけが伝えられていること、はたまた比較的長い章句が後十篇には多く載せられているといったことなどが容易に指摘しうる点である。

孔子が批判もしくは揶揄の対象にされたりしていることなどが見られるのも、後十篇が前十篇と異なっている内容的特色である。こうしたことは、『論語』が必ずしも一人の編纂者によって、時を同じくして成立したものではないとの予備知識を得ている者ならば、一瞥一読しただけでも容易にその相異を感得せしめられるような類例であると言っても過言ではないだろう。

直接の弟子の記録と再伝の弟子、あるいは比較的心理的距離をもっていた弟子たちによる記録という、孔子との関わり方の度合いの違いが「子曰」と「孔子曰」との形式上の相異を生んだのだというようなことも既に『論語』成立の問題を考える上での共通な諒解事項であろう。

当事者との関係の度合いの深浅、あるいは事柄との場所と時間を含む距離の遠近は、その関わり方の相異を示す一定の徴表をそこに自ら生ぜしむるものだとする前提を設けることは、人間理解として、少なくとも人間関係の理解として、必ずしも偏った見方ではないという認識を共有することは容認できる範囲内のことであろう。

『論語』の章句は簡潔である。その言葉が発せられるに至った状況や場面の設定がなされることは必ずしも多くない。凝縮された知恵の集まりだと言って片付けることもできるであろうし、また孔子を中心にした集団の思惟形成のありようがこうした特質を生んだのだとも言い得るのであるが、具体的な説明を必要としない中での言葉のやりとりがこうした語録集を編纂させているということであり、そうしたものを成立させる集団のありようを教科書風に言えば、孔子学団と名づけて一定の全体像を想定させてきたのである。その実態がどのようなものであったのかは殆ど解明不可能なことなのであろうが、そうした一定の全体像を想い描かせるような伝承が『論語』を中心にした孔子に関わる文献の背後に隠れていると言った方がより適切なのかもしれないが[注2]。

上の如き問題、言ってみれば、最も基本的かつ基礎的な視点を念頭に入れつつ、『論語』の章句がどう読まれてきて、そこにはどのような問題が考えられるかといったことについて、「八佾篇」の「子入大廟毎事問」章句を中心的な素材にして若干の考察をしてみようとするのが本稿の目的である。

一

かかる問題を考察するに当って、先ず『論語』の成立に関わって、時代なり、他の思想の影響を強く受けて、ないしは他の思想を意識して、収録されたと考えられ、孔子が批判の対象、というより揶揄されている、もっと言えば、無視されていると言ってもよいような章句を挙げてみたい。

(甲)楚狂接輿歌而過孔子、曰、鳳兮鳳兮、何德之衰、往者不可諫、來者猶可追、已而已而、今之從政者殆而、孔子下、欲與之言、趨而辟之、不得與之言、

(乙)長沮・桀溺耦而耕、孔子過之、使子路問津焉、長沮曰、夫執輿者爲誰、子路曰、爲孔丘、曰、是魯孔丘與、對曰、是也、曰、是知津矣、問於桀溺、桀溺曰、子爲誰、曰、爲仲由、曰、是魯孔丘之徒與、對曰、然、曰、滔滔者天下皆是也、而誰以易之、且而與其從辟人之士也、豈若從辟世之士哉、耰而不輟、子路行以告、夫子憮然曰、鳥獸不可與同羣、吾非斯人之徒與而誰與、天下有道、丘不與易也、

(丙)子路從而後、遇丈人以杖荷蓧、子路問曰、子見夫子乎、丈人曰、四體不勤、五穀不分、孰爲夫子、植其杖而芸、子路拱而立、止子路宿、殺雞爲黍而食之、見其二子焉、明日子路行以告、子曰、隱者也、使子路反見之、至則行矣、子路

曰、不仕無義、長幼之節、不可廢也、君臣之義、如之何其廢之、欲潔其身、而亂大倫、君子之仕也、行其義也、道之不行、已知之矣、

ここに挙げた（甲）（乙）（丙）の三章句は、いずれも「微子篇」の載せる所であるだけでなく、相連続して収載されている。

この相連続して収載されている三章句は、「孔子が魯の要職を辭して十四年間に亙る天下遊歴に出た時期において、各地で隱士に接してその批判を受け、それに應對した傳聞の記事である。これも全篇の中では、このような章はこの三章だけで、しかも相連接して置かれている。[注3]」とその内容上と形式上の特徴が既に指摘されているのであるが、この三章が相連接しておかれているのは、ある一定の目的意識のもとに編纂されていて、この三章句で一つのメッセージを伝えようとしていると考えるべき内容上、形式上の特徴を具えていて、そこに編纂者の並々ならぬ作為、つまり編纂の意図が隠されているとみることができるのである。

この三章句はどのような意図のもとに配列されていると読み取ることができるであろうか。

先ず指摘できる共通点は、いずれも隱者と認めてよい人物によって孔子が批判ないしは揶揄の対象にされていることである。第二番目の共通点は、これらの隱者の言辞は孔子のあり方、生き方に対する根源的批判を含んでいて峻厳を極めていることである。そして、

これらの三章句に載せられている批判的言辞に対する反応の態様は、三章句全体で一つの整合的な構成をとっているとみることができるのである。そこにはどのような整合性が認められるか。

(甲)では、何の反論も用意されていない。言ってみれば、孔子は批判のされっぱなしであり、反論ないしは自己の立場を説明しようとして、それすら峻拒されたとみてよい、もっと言えば、孔子は、相手にもされずに完全に無視されたと言ってもよいような情況設定を伴う表現形式がとられている。

(乙)では、孔子自身の反論が載せられ、(丙)では、弟子の子路の反論が載せられる。[注4]

このように、これらの三章は、孔子のあり方が同じように批判されながら、何の反論も伝えない章、孔子自身の反論を載せている章、弟子の反論を載せている章と、批判への対応の質的相異を明確にしながら、相連続して配列させている所に編者の並々ならぬ作為が蔵されていると言えよう。別言すれば、三章句のかかる配列のせしめ方を通して編者が一定の情報を発信しようとしているということなのである。こうした伝誦、あるいは説話形成のありよう、今様に言えば、そうした情報の提示の仕方がその思惟の特質を露呈していて、そのこと自体がまた問題にされるべき事がらなのであるが、ここでは指摘するだけに留めておこう。

二

ところで、上に挙げた「微子篇」所収の三章以外、孔子の言動が批判もしくは難詰されているのは、あるいは不興を買った事例は、『論語』全篇を通じて数少ない。煩を厭わず列挙すれば、以下の通りである。

子入大廟、毎事問、或曰、孰謂鄹人之子知禮乎、入大廟、毎事問、子聞之曰、是禮也、（八佾篇）

子路使子羔爲費宰、子曰、賊夫人之子、子路曰、有民人焉、有社稷焉、何必讀書、然後爲學、子曰、是故惡夫佞者、（先進篇）

子見南子、子路不說、夫子矢之曰、予所否者、天厭之、天厭之、（雍也篇）

上引の三章とも、孔子批判を含むものであるが、考察の対象が一応明確であって、それなりに焦点が鮮明になっている問答は「八佾篇」の章句であろう。

古来先儒、先学によって問題にされてきたとはいえ、「八佾篇」のこの一章も、考えてみれば、考えさせられる問題を多く含んだ一章である。

「禮を知るを以て聞こえた」孔子に対する批判としては、余りにも或人の批判は水準が低いものであるように思えるからである。なぜなら、或人にしろ、有礼で知られていた孔子を侮蔑的なまでに批判する以上は礼についての知識を充分有していた筈である。もしそうでなければ、批判に対する孔子の「是れ禮なり」という説明も体をなさないのである。礼についての何らの知見も有しない者に対して礼の本質を説明してみても始まらないからである。礼に対する格別の知識も見識も持たないが、礼とは定まった形式の遂行であって、一切の疑問の介在はそこでは許されないのだと硬直的に理解している問者であれ、礼に対する一定の知識なり見識を持っていると判断しているからこそ、「是れ禮なり」と言い得たのである。

そうした問題点に着目したのだと推測されるが、『義疏』や『集注』に依拠しながら、『論語の新研究』は、「恐らく孔子は初めてこの祭りに参加したので、一事の粗忽もないように先輩に尋ねた上で行った。礼に型はない。慎重にも慎重を期して手落ちないようにする。これこそ礼の精神だという意味であろう。礼は型の伝統でなく、その中に含まれている精神だという、極めて孔子的な発想なのである。」と説解する。注5

礼という、型が最も問われる問題に、「事毎に問う」という「慎重にも慎重を期して手落ちないようにする」という新しい型を付与したというのであるから、この解釈もつき詰めて考えてみれば、「繁文縟礼」を将来することを許す解釈であろう。つまり、礼とはかくなるものだと規定することによって、新しい礼の定式が出来る、春秋学の言い方にならえば、新例を開いたことになるのであって、礼の概念の拡大がなされたことになる。

このように考えることが許されるならば、『論語の新研究』の解釈も「孔子の最後の言で、これ礼なり、とあるのは、そういう礼式がちゃんと定められた型になっていた、という意味に普通解せられる[注6]」ということと径庭があることにならないであろう。

仮にも、孔子が「事毎に問う」ことが既定の礼式ではなかったにも拘らず、どんな事情があれ、「事毎に問う」行為の型を「是れ禮なり」と断言して、それが容認された、あるいは容認するということは、先例とか慣行とかを無視して、言を緩くして言えば、超えて行われたこと、すなわち既成事実が一定の条件下、つまり孔子のような礼の権威者によってなされた場合には、何らの手続きも経ずに正統なこととして容認されるということを意味していよう。規範成立の正当性の根拠が恣意的になることを意味していることになるのではなかろうか。

礼とは、総じていえば、ある事がらを達成するための手続き、手順の体系である。だから手続きが重視され、それに習熟した職能集団が一定の社会的勢力を有していたのであって、そのことを具体的に伝える文献が『儀禮』であり、『禮記』であろう。

さすれば、手続きを重視する体系の中で、仮にも手続きにない手順を実践して、「是れ禮なり」との断言がそのまま手続きとして手続きの体系の中での正当性を担保できるのだとするならば、「是れ禮なり」と断言した孔子の〈ことば〉がいきなり価値の源泉となって、その行為が規範として位置づけられることになろう。

このように考えてくると、孔子の神格化の論理的筋道がそこに内在しているように思えてならないのである。すなわち、孔子の神格化の前提には自己の絶対化が隠れているということであり、自己の規範化の容認を意味していることになるのである。だから、正当性の根拠は何処にもない、と同時に何処にでもあるということになるのであって、権威や権力の自己増殖を必然的に容認する方途が内在していることになるのである。孔子が規定した「是れ禮なり」との発言の無条件な容認は、そうした内容を含ませたことになるのである。

『論語の新研究』に触発された視点から離れて、この章句を考えてみよう。「事毎に問う」ことそのことが既に礼式として確立されていて、孔子はその手続きに則って大廟の祭礼を助けたのだとする旧来の解釈に従えば、大廟の祭礼の礼式など何も知らない或人が孔子が「問う」たこと自体で礼など何も知らぬ人物だと決めつけた、ということになるだけでなく、「孔子之を聞きて曰く」という一句がまたいろいろな推測をさせるのである。もし「事毎に問う」ことが礼式であったとすれば、或人の批判を孔子の耳に入れた人物を含めて、大廟の礼の手順については知っているものはいなかった、ということになろう。大廟の礼の手順が共通に知る所であったのならば、抽象的なことではなく、具体的所作の問題なのであるから、「是れ禮なり」とは言い得ないからである。

また、『論語集釋』の指摘するように、大廟の礼が失われていて、孔子が礼研究の過程で、この大廟の礼に関する知識を得て、それを実践したのだという事情を想定したとしても、「是れ禮なり」というだけでは説明不足である。或人の批判が余りにも思慮を欠いた誹謗であって、「怨みに報ゆるに直きを以て」せんとして、腹に据えかねた孔子が聊かなりとも直情的に切って捨てるように言い放ったものだとしても、不親切な發言だと言わざるをえないだろう。

『集注』が「禮なる者は、敬のみ、知ると雖も亦問ふ、謹の至りなり、其の敬爲る此れより大なるは莫し、之を禮を知らずと謂ふ者は、豈に以て孔子を知るに足らんや」と孔子を弁護する注解をするが、孔子の「是れ禮なり」との発言は決して禮の基本である「敬」でもなければ、また「謹の至り」でもないだろう。そもそも「敬」とは、具体的には、己の立つ場を狭く、小さく定めていることによって成り立つ心的状態であると規定できる概念なのであるから、「是れ禮なり」という説明だけでは、それに相反する態度であることは間違いないだろう。

もっとも、朱子は、「此れ蓋し孔子始めて仕ふるの時、入りて祭りを助くるなり」と注している。これは孔子が大廟の礼については、まだ学んでいなかったか、あるいは既に学んではいたが、祭りを助ける任務につくに当って、大廟の礼式について先達から礼式を教えられて、「これはこうするのですね」あるいは「ここはどうするのですか」と一つ一つ確認しながら大廟の礼式を実践した、その時の礼式実践のあり様を孔子が「是れ禮なり」と言ったのだというのが『集注』の理解であろう。そう理解した場合、逐一聞いて実践する行為そのことが礼式であることを言おうとしているのか、はたまた逐一尋ねつつ礼式を実践していくことそのことが「礼」であるのかは説明し切れていない。とは言え、「敬謹の至り、乃ち礼爲る所以なり」という点が強調されているのだから、礼式そのことよりも礼式を実践する過程が「礼」だと規定されていることになろう。そうした曖昧さは『論語』の曖昧さをそのまま継承して両様に理解する余地を残すという解釈になっているのであろうか。

かかる曖昧さに対して、さすがに『論語徴』は、「子入大廟、毎事問、古必有此礼（子大廟に入り、事毎に問ふ、古必ず此の礼有り）」と前提を明確にした上で、「朱註曰、敬謹之至、乃所以爲礼也、是礼無之而孔子以口給禦人也、烏在其爲孔子乎、孔子曰是礼也、豈不較然著明乎哉、而猶云云者、廼不信孔子之言、而信或人之言也、悲哉（朱註して、敬謹の至り、乃ち礼爲る所以なり、と曰ふは、是れ礼に之無しとして孔子口給を以て人を禦ぐなり、烏ぞ其の孔子爲るに在らんや、「孔子曰是礼也」とは、豈に較然著明ならずや、而るに猶ほ云云する者は、廼ち孔子の言を信ぜずして、或人の言を信ずるなり、悲しい哉）」と、『集注』の饒舌が問題をより複雑化させ、孔子像や孔子の考え方を歪めていることを嘆息した解釈をしている。「是れ古礼なり」と孔子が答えておけば、問題の所在がより限定的なものになったのだと言い得たのだという思いがあっての注釈であろう。

現実の問題に対応するに当たって、規程それ自体と規程を成立させている精神とのいずれを重視するかという視点の相異が区々として議論を錯綜させることを熟知していたが故に、「古必ず此の礼有り」と先ず言うことによって、確立された規範の問題としてこの章句を理解しようとしていると受け取られるのである。

『論語徴』のいう「古」が、厳密に解釈すれば、孔子の時代を含めて「古」とした礼式であるのか、あるいは孔子の時代には既に伝え知る者も殆どいなくなっていた文字通り古制としての礼式を意味しているのか、不明確さを残した注釈である。徂徠にとっては、批判する主たる眼目が朱子の注釈であったとしても、当然古来の注釈を踏まえていること、また上で指摘したようなことのために、その具体的礼式は考証し得ないが、制度として確立された現実に機能していた礼式としての「禮」でなければならなかったのである。理念的観念的「禮」として理解することだけは避けたかったのであろう。まして礼の精神というが如き意味内容を「是れ礼なり」の語句に求めることは許すことができなかったのではなかろうか。

ところで、既に上で少しく触れていることであるが、或人と孔子の言葉のやりとりの場面をどう想定するかによって、いろいろな解釈の相異が生じてくる。上では、間接的に或人の批判の言葉が孔子の耳に入った、という想定をしているが、大抵の注釈では或人と孔子との直接的な応答として理解しているようである。

直接的であれ、間接的であれ、大廟での両者のやりとりとして理解しようとすると、

「獨り祭りの時に当たれば、魯君前に在り、卿大夫侍従して、雝雝肅肅たれば、安くんぞ一《いち》少くして且つ賤しき者の吺然として辭説を致すを容《ゆる》すを得んや」[注7]という難点が指摘されて、「故に顧瑞屏以爲へらく、子の大廟に入るは、當に是れ日を隔てて宿齊して、始めて事毎に問ふ可き者なるべし、是れ然らずとして平日の往觀、荀子載せる所の孔子魯の桓公の廟に觀て、欹器有り、廟を守る者に問ひて『此れ何の器と爲す』と曰ふが如きの類と作せば、則ち事を執ること恪み有るの時に非ずして、縱ひ禮を知らざるの誚を來すも、亦必ずしも毅然として辨を立てて『是れ禮なり』と曰ひて、以て其の敬謹の意を明らかにせず[注8]』と呉愈・亦韓が程樹徳に語った説が紹介されている。

これは、場面を厳密に設定することがなければ、この問答は成立しないということ、換言すれば、この問答が成立するための一条件として、どのような場合であったのかということを推し量らざるをえなかったのである。従って、「事毎に問ふ」ことは大廟の礼式実践上の施行細則の類であることを自明のこととしていることになる。極めて専門性の高い知識が求められていることになるであろう。さすれば限られた少数の人間しか知り得ないような範囲のことと理解してもよいだろう。

極めて限られた少数の専門家しか知り得ない施行細則が如きことが中心課題になって、この問答が成立していると考えると、何とも不可解なやりとりだと言わざるを得ないであろう。

「事毎に問ふ」様子を見て礼を知らないとした或人のことばは、その知識の浅薄さを露呈しているに過ぎないだけで、いつの時代であれどこの社会であれ、よくみられる底の批判であって、考えようによっては問題にするに足りないようなことであろう。言ってみれば、礼の本質を問題にしていないのにも拘らず、問題点をすり替え、焦点を逸らすかのように、しかし本質的問題を内包するかのように、孔子は向きになって「是れ禮なり」と答えているのであるから、上で屢々指摘したような問題を生むことになるのである。

子曰、管仲之器小哉、或曰、管仲儉乎、曰、管氏有三歸、官事不攝、焉得儉、然則管仲知禮乎、曰、邦君樹塞門、管氏亦樹塞門、邦君爲兩君之好、有反坫、管氏亦有反坫、管氏而知禮、孰不知禮、

右に引いた章句は、礼の問題を中心的に収めている同じ「八佾篇」の言葉である。ここでは明白で具体的な礼制が例示されて管仲の僭禮問題が批判されている。これに比べれば、上の「毎事問」章の孔子の答えが不親切なものであることは疑えないだろう。それだけ孔子がこの批判を不快な評語として受け止めたことになるのかもしれないが。

「孔子少《わか》き自り禮を知るを以て聞ゆ、故に或人此に因りて之を譏る」と『集注』は注するが、寧ろこの章句などの分析考察から、孔子が少時から「禮を知るを以て聞こえ」ていたと推測しうることになったと考えるのが順当かもしれないのである。

このように考えてくると、この「毎事問」章の問答の背後には何か同じ職能集団間の対

立が潜んでいたのではないかと推測させられるほどなのである。孔子が禮に関する知識を有することによってようやく樹立しつつあった一定の社会的地位や声望が脅かされるような危機感を孔子が感じていたので、こうした返答がなされたのかもしれないのである。禮に関する価値争奪が展開されていたために、こうした曖昧な、「微言大義」と言ってもよいような両義性を担わせるような反論をしたのではないかということである。或人の側からみれば、孔子の出現を快く思わなかった、否、単なる情緒的なことだけでなく、孔子の出現によって失われかねない何らかの利得をもっていたが故に、「孰れか鄹人の子を禮を知れりと謂ふか」という極めて露骨な侮蔑的発言をしたのではなかろうか。従って、この両者の応答は、礼式実践の場での直接的なやりとりではない、とみる方がより現実性をもって理解できるのではなかろうか。「之を聞きて」という二字の挿入は、両者の暗闘を隠すための編纂者のそれなりの工夫であり、措辞であり、修辞であろう。

このような推理、推測が許されるならば、上引の管仲批判の一章にみられるような例証を挙げた具体的批判がなされなかったのも頷けるのである。現実に展開されている隠微で陰湿な対立抗争を公然化させたくないために、禮の具体論を包摂しつつ本質論として「是れ禮なり」と反批判を加えたのであり、それはまた状況説明の言葉でもあったのである。状況の説明がそのまま具体的禮制の一細則として定着した、あるいは定着せしめようとしたことを留めたと思われるのが、「郷黨篇」での「大廟に入り、事毎に問ふ」との再録の事情であろう。

『集注』は「重出」というのみで、重出の意味に言及する注釈はない。『義疏』は「前は是れ孔子或人に對ふるの時を記し、此れは平生常行の事を録す、故に兩出す」という。「郷黨篇」所載の問題については後述するが、「平生常行の事を錄す」と特別の注意を払っているのは刮目に値する。注9

周知の通り、『論語』の中で禮に言及している章句は多い。その中で、具体的事例としての禮を問題にしているのは、四十二章句七十三字の用例中、拙稿で取りあげている「子入大廟」章を含めても僅かに四章のみである。この章と上に引いた管仲批判の章句以外の二例は次ぐの通りである。

子貢欲去告朔之餼羊、子曰、賜也、爾愛其羊、我愛其禮、（八佾篇）

陳司敗問、昭公知禮乎、孔子對曰、知禮、孔子退、揖巫馬期而進之曰、吾聞君子不黨、君子亦黨乎、君取於呉、爲同姓、謂之呉孟子、君而知禮、孰不知禮、巫馬期以告、子曰、丘也幸、苟有過、人必知之、（述而篇）

これら二章句では、継続的に実践されてきた伝統的禮制の弛緩による「告朔之餼羊」存廃の問題、婚姻制の根幹を揺るがしかねない「同姓不婚」という禮制違背が問題とされている。僭禮によるなし崩し的禮制崩壊によってもたらされる秩序崩壊の現出に対する危機感に促された管仲批判と同じように、いずれも禮制の具体的事例が俎上に上げられている。

「告朔の餼羊を去る」問題は、形骸化した禮制の存廃に関わる孔子と子貢の対応の仕方の相異が興味深い。現実に行われている禮制、つまり具体的な礼式や礼法に関して、たとい形骸化していようとも伝統的礼式を存続しておこうと考えていた孔子のような守旧派と実質的意味を失った形式的儀礼は積極的に廃止してしまおうとした子貢のような改革派の対立相克とでも言うべき事態が、師弟の間ですら生起して進行しつつあったのである。むしろ師弟間で禮制の意味が真剣に論じられていたが故に、かかる現実への対応の相異が生じていたのであろう。恐らく、「告朔の餼羊」の儀礼の実務を担っていた子貢はこの礼式を廃止するに当って、犠牲に供せられる羊に対する憐憫の情を理由にしたりしていたのであろう。そして、孔子は最早それを押し止めることができるような実権をもつ立場にはいず、弟子の子貢が推し進めようとしている禮制改革を今昔の感を抱きつつ傍観しながら発したのが「爾は其の羊を愛しむも、我は其の禮を愛しむ」という言葉であろう。

この「告朔の餼羊」問題に対する子貢の改革断行の仕方は、或人の批判に対して、「是れ禮なり」といって、新例を開いた、或いは禮に新しい意味を付与しようとした、もしくは古禮を復活しようとした孔子の対応と重なり合っているのではなかろうか。

個別具体的問題に関わらざるを得ない時、孔子は「事毎に問ふ」たのであり、子貢は「告朔の餼羊」を去ったのである。孔子は新例を開き、子貢は旧例を廃することによって禮の内実を変更していったのであろう。

自らが具体的な問題として礼式や儀礼の実務に関わらざるをえない時には、あるべき理念的価値体系とは異なる対応をすることがあるのは孔子や子貢とて同じであろう。「管仲の器小なる哉」と言い、「管氏にして禮を知らば、孰れか禮を知らん」[注10]とまで言って管仲を貶している孔子が「管仲　桓公に相たりて諸侯に覇たらしめ、天下を一匡す、民今に到るまで其の賜を受く、管仲微りせば吾れ其れ被髪左衽せん矣」（憲問篇）と管仲を絶賛しているのは、孔子が自家撞着しているのでもなければ、精神分裂に陥っているわけでもない。具体的礼式の問題としての「禮」と価値体系としての「禮」、「憲問篇」に即して言えば、管仲の覇業によって構築された禮的秩序は価値体系全体の問題として捉えられているので、個別的な管仲の僭禮に対する評価とは自ら異なるのであって、両者の評価が異なるのは何ら異とするに足らないのである。

「邦君樹して門を塞ぎ」、「邦君兩君の好を爲すに、反坫有り」と諸侯のみに許されている礼式を管仲が行ったり、魯の季氏が「八佾　庭に舞はしめ」たり、「三家者雍を以て徹し」たりと、実権を掌握している大夫による僭禮が問題にされる。

実質的権力の移動が上位者の礼式挙行という僭禮へと進んだと考えるのが妥当な理解であろうが、実権確立過程での補強的行為として理解することもできよう。いずれにしろ、天子の禮が季氏や三家者によって行われて問題にされている点は注意すべきことであろう。実質的権力の所在の誇示を真の目的にしつつも、「萬乗の國、其の君を弑する者は、必ず千乗の家なり」との原則に照らせば、周室と関わりの深い魯公の一族として伝統的儀礼保存の名目に仮りた演出的実演の意味合いをもたせることができるからである。「禮」の多義性がかかる行為を可能ならしめるのであり、その規範力の曖昧さの然らしむ所以なのである。「八佾を舞わ」せたり、「雍を以て徹し」たことを非礼と明言してはいないが。

ところで、このように「禮」なる名目でその言動を問題にしてはいないが、禮という概念で捉えるべき言動がみられる。

そこで問題になるのが、「郷黨篇」に載せる孔子の挙措の伝誦をどう理解するかということである。「入大廟、毎事問」も含めて、この篇に収められている伝誦は、孔子の挙措や作法を含む日常の生活習慣ばかりである。「飪を失するは食はず、時ならざるは食はず」とか、「沽酒市脯は食らはず」とかの食習慣に属する類は、恐らく今日宗教的理由である種の食べ物を禁忌したり、菜食主義者が特別の食習慣を守っているような孔子独自の食習慣を伝えるものであって、必ずしも作法として一般化できるような類ではないだろう。

これに対して、「公門に入れば、鞠躬如たり、容れられざるが如くし、立つに門に中せず、閾を履まず」といった類の所作は、一種の行儀作法として規範的意味を持つようになって、「曲禮三千」の一部を構成する模範的作法や行儀として弟子たちのまねる所となり、更には広く士大夫の学ぶ所となって社会的に定着していったのではなかろうか。「羔裘玄冠しては、以て弔せず、吉月には、必ず朝服して朝す」といった行事によって特定の衣裳を身につけたり、避けたという孔子なりの配慮は、その基づく所がどうであれ、また人々の模範とされながら、一定の共感や感心を得つつ、共通の礼法としての基を開くようになったために、こうした伝誦が弟子たちによって残されたのではなかろうか。

このように考えてくると、「八佾篇」と並べ重ねて、「郷黨篇」に「大廟に入れば、事毎に問ふ」という所作が書き留められているのは、単なる重出ということだけでは片付けられない編纂者の意図を読み取ることができるのではなかろうか。すなわち、「郷黨篇」所載の所作が原点になっていて、上で縷々述べてきたような事情の中で、孔子が「是れ禮なり」と断ずることによって、礼式としての一定の社会的価値を獲得するに至ったというように考えてみたいのである。否、そう考えることによって、孔子の立ち居振る舞いや生活習慣の伝誦が「郷黨篇」に収める所となった経緯が理解し易いのである。勿論、敬愛と尊崇の目で仰がれていた師たる孔子の日常生活を視覚的に捉えて伝えておこうとした所に第一の眼目があったろうことは疑えないが。

「賓退、必復命曰、賓不顧矣」(「郷黨篇」)の解釈について、『論語の新研究』では、「賓不顧を、普通には、客が満足したので顧みずに去った、のだと解釈するが、これはおかしい。賓客は立ち去る時に見送りの主人側に対し、時々振りかえって挨拶するのが礼儀であり、また賓客が遠ざかって最後の挨拶をするまで見送るのが、主人側の礼儀なのである。この所はそれを言ったもの[注11]と指摘されて、レッグの英訳を挙げている。「賓、顧みずなりぬ」と訓ずるに至った経緯について、「レッグはちゃんとそういう訳をつけているのです。中国人の風習は昔もいまも変わらないとみえる。お客が立ち去るときには主人側は送りに出て、そしてお客が何べんも後を振り返ってはおじぎし合って、別れるものだということをちゃんと言っているのです。」と懇切な説明が加えられている。[注11]「The ways of China」という訳解は、十九世紀に生きた訳者の知見による体験的事実に基づく類推によるものであって、「賓不顧矣」は孔子を含めた当時の人々の共通の礼儀作法であったという理解が前提とされている。恐らくこの通りだったのであろう。

一般的に言って、日常的な事がらは伝えられることが少ない。記録に留められたりすることも稀である。その点では「賓不顧矣」が当時の礼儀として遺されたのは貴重である。それは孔子が「賓退くときは、必ず復命し」たからである。「復命」ということが忽せになっていた風潮の中で、忠実にそれを守っていた非日常性がこの日常的礼儀作法の一部を伝えたのではなかろうか。当時、復命のみならず、賓主の禮までが「賓、顧みずなりぬ」と言う所まで充全に実践されていなかったことをもこの「郷黨篇」の所載は推測せしめるのである。禮とは行うべきことは行うということを含むものであろうから、そうした行うべきことを行っていた孔子の日常や生活習慣の記録という性格を併せ持っているのが「郷黨篇」なのであろう。禮を仁に結びつけて「克己復禮爲仁」と言っているのは、具体的にはこうしたことを意味しているのであろう。

そして、「是れ禮なり」と言った「禮」は、個別具体的「事毎に問ふ」禮とあるべき価値体系としての「禮」とが相即している所に問題の複雑さと思惟の特質が見てとれるということができるのである。

三

第一節で取り上げた「微子篇」所載の章句の孔子批判は、明らかに思想的立場や生き方を異にする人々からなされたものである。人間存在の根源に関わる視点からの批判に直面すれば、人はたれしも一定の戸惑いを隠せないものである。殊にあらゆる意味で有限な存在たることを自覚してそれを実践して暗い深淵に臨みつつ生きている者からの批判は人をたじろがせる。

「邦に道有れば則ち仕へ、邦に道無ければ則ち巻きて之を懐にす可し」(「衞靈公」)と一定の共感を蘧伯玉に示し、「寗武子邦に道有れば則ち知、邦に道無ければ愚、其の知は及ぶ可きも、其の愚は及ぶ可からざるなり」(「公冶長」)とその老獪な処世と明哲保身を賛嘆している孔子である。このように一定の評価を与えている、少なくとも蘧伯玉や寧武子のような生き方に関心を示しているのである。そのように関心の対象となっている、少なくとも念頭にある生き方を実践している社会と距離を置いて生きている者や自給自足的な生活を送っている者から批判を蒙っているのである。だからこそ、孔子が自己の生き方を根源的な所で説明せざるを得なかったのである。

この三章句をすべて孔子と隠者との間で現実に生起した問答だとして上のように論じているのではない。説話的な意味をもたせつつ、弟子たちの間で生き方や思想の本質が議論される中で、孔子ならどのような対応をするのかというようなことを想定しつつ、架空問答的な意味合いの要素が濃い章句であると考える方がより真相に近いであろう。

蓋し、孔子ならば、「鳥獣は與に群を同じうす可からず、吾斯の人の徒と與にするに非ずして誰と與にせん、天下道有れば、丘與に易へざるなり」[注12]というような直接的言辞で自己の思想的原点を説明はしなかったであろう。「仁」なる一字で説明しようとした孔子独自の思想的到達点を後学者が説明しようとしてなされた架空問答であって、後学者と思想的立場を異にする者からの批判に対抗することに主眼があるのではなく、寧ろ同じ立場に立ちつつ自己の立場に確信をもち得ない者への教戒的意図が秘められていると理解すべきではなかろうか。[注13]

これら三章句が連続して収載されていることに編者の並々ならぬ意図があるとの問題を

上で提起した。

孔子が反批判ないしは弁明しようとして無視されたかの如き体裁を取っている（甲）、直接隠者にではなく子路に向かって独白的に自己の思想的立場を語っている（乙）、（乙）の内容を敷衍解説しているとみてよい（丙）というように三章句は巧妙に配列されているのである。（乙）（丙）とも子路が介在しているのも偶然ではないだろう。子路は「性鄙にして、勇力を好み、志伉直にして、雄鶏を冠とし、猳豚を佩びて、孔子を陵暴し、孔子禮を設けて稍《やや》子路を誘」（『史記』仲尼弟子列伝）った弟子なのである。隠者と無頼の徒を同一視することはできないであろうが、禮を通して写すならば、陽画と陰画の存在のようなものかもしれない。

（甲）について、『集注』は「接輿蓋し孔子を尊ぶを知るも趨くこと同じくせざる者なり」と言い、「孔子車を下りるは、蓋し之に告ぐるに出處の意を以てせんと欲す、接輿自ら以て是れと爲し、故に聞くを欲せずして之を避くるなり」と言う。『論語徴』は「古の人各々其の意を行ふ、孔子之を漆雕開に強ふこと能はず、何ぞ況や接輿をや」と言い、「孔子の之と言はんと欲するは、亦其の佯狂爲るを知りて之と言はんと欲するなり、接輿の趨りて辟くるは、其の狂態を遂ぐるなり、狂態を遂ぐる所以の者は、人をして其の佯狂爲るを覺ら使むるを欲せざればなり」と言う。

「各々其の意を行っ」たのが古の人なのかどうかはともかくも、世を避けることを善しとしている者と世と関わっている者との関係は微妙である。世を避けることと世に関わることとの間に画される境界線は現実の具体的あり方如何によって規定されてくるものであろうが、意識の問題としては、恐らく孔子とここに登場する隠者とは境界線を共有しているのであろう。そうでなければ世を遁れている者が世に関わる者にどうして関心を示せようか。「趨而辟之」、「耰而不輟」、「至則行矣」というのは隠者によって画された境界線の提示であって、〈無言〉の領域である。境界線が露わになるや、「鳥獣は與に群を同じうす可からず、斯の人の徒と與にするに非ずして誰と與にせん」、「仕へざれば義無し」と、境界線を越える誘惑に駆られる者に対して更めて〈有言〉の世界が確認されるのである。

これらの三章句の問答は人のあり方をめぐる価値争奪である。さすれば、この三章句も、殊に（乙）については、「是れ人なり」とでも答えておけば充分な程度の批判であり、隠者も了解できることであろう。禮の価値争奪をめぐって「是れ禮なり」と答えたのであるから。

一方が抽象的、観念的であると他方は具体的、現実的に対応し、他方が具体的、現実的であれば、一方は抽象的、理念的に論が展開される。『論語』の思想はこのような論理構造によって組み立てられていると分析できる点があり、「子入大廟」章の言葉にはそうした論理が隠されているとみることができるのである。

注

（1）「この人・この三冊」小倉芳彦・選『孔子』（平成十年六月二十一日（日）中部本社発刊『毎日新聞』九頁）

（2）山東電視台・済南電視台企画制作の『孔子』がテレビで放映され、ビデオでも容易に観賞できるが、史実と伝承の境界が明確に示されないままの伝記構成であるから、ある意味では時代の要請に基づく政治的意図、広い意味では一種の民族的意志の発露とみることもでき、映像による經学的伝統の継承と言うこともできる。

（3）木村英一『孔子と論語』（四四三頁、創文社、昭和四十六年）

（4）「子路曰」について、『集注』は「福州に國初の時の寫本有り、魯の下に反子の二字有り」と記すが、これについて『論語の新研究』は「路」を衍字として、『集注』にふれて、「朱子の真意は、福州で見た国初の写本とかいうものに仮託して、自分の意見を述べているのではないかという気がする。」という。（下掲書、一一三頁〜一一七頁）

（5）『論語の新研究』（宮崎市定全集4『論語』二一三頁、岩波書店、一九九三年）

（6）同上

（7）程樹徳『論語集釋』一（一八四頁、中華書局、一九九〇年）

（8）同上

（9）『孔子と論語』（三四九頁）では、「郷黨篇」成立の詳密な分析の中で、「子」字の省略に着目して「直弟子の伝えた伝誦をも資料の一部として利用し」「魯における後学の補遺的な記録であろう。」と推論される。

(10)「禮を知る」の「知」は「知事」の「知」と同義で、禮を執り行うという意味で解する方がよいかもしれない。

(11) 宮崎市定『論語の新しい読み方』(全集24『随筆』(下) 七三頁、岩波書店、一九九四年)

(12) 宮崎市定『論語の新研究』(全集4『論語』、四〇四頁~四〇七頁) では、「鳥獣不可與同群、吾非斯人之徒與而誰與」の読み方について独自の読み方がなされているが、孔子の生き方と隠者のあり方との本質に関わるものではないので、従来の読み方に従っておく。

(13)『論語の新研究』(一一四頁) では、「子路は老人の家に泊って優遇され、恐らく隠遁者の人生観を吹きこまれて孔子の許に帰り、得々としてその話を吹聴したに違いない。これを聞いた孔子は、子路が異端に興味を持ちすぎることを恐れ、もう一度子路を老人に合わせにやった。」と解釈説明される。

子畏於匡辨疑

子畏於匡、曰、文王既沒、文不在茲乎、天之將喪斯文也、後死者不得與於斯文也、天之未喪斯文也、匡人其如予何、（『論語』子罕篇）

この章句の孔子の言葉を口語譯すれば、「周王朝の基礎を築いた文王は既に遠い昔に亡くなってしまっているが、文王によって築かれた周の文化は、こうしてここに滅びることなく息づいているではないか。天がこの文化を滅ぼそうとしているのならば、このわたしを含めて文王以後に生きた人々はこの文化に關わりその恩恵に與れなかったはずだ。天がまだこの文化を滅ぼそうとしていない以上、匡人がこのわたしをどうこうできようか。」ということになろう。

この言葉には、周王朝を築き、それを支えた文化とその精神に厚い信頼を寄せ、自身その文化の繼承者、傳承者であるとの孔子の強い自負が表れている。一般化して言えば、眞の文化に値するものは滅んでゆくようなものではなく、滅んでゆくようなものは文化の名に値しないということでもあろう。だからこそ、この文化の擔い手として、諸國を遊歷してその精神の重要性と復活を説いてまわることができるのだ。だから、天がこのわたしたちを守ってくれるのは間違いないことであって、今このように我々を取り圍んでいる匡人など少しも恐れる必要はないのだ。周の文化に對する信賴と同時に、天に對する搖るぎない信賴が感得されるのである。つまり、周の傳統文化を守っている我々の一連の行爲は、この文化を滅ぼそうとしていない天の意志を受けてのことであって、そのような天の意志の體現者たる我々がどうして天道に背いている非條理な匡人たちによって傷つけられ、命を奪われたりしようか、という孔子の自己の運命に對する矜持も感じさせる。更に踏み込んで言えば、この孔子の言葉には、個人の運命を超えたところで文化とか傳統は成立し、繼承されていくものであるとの意識が讀み取れるといってもよいであろう。抹殺されることなどはあり得ないという強い自負が前提にあることは言うまでもないが、よしんば個人としての孔子の肉體を抹殺できたとしても、かれが擔い、天下に稱揚し、唱道してきた周の文化や精神までも抹殺できないのだということが強調され、そして、絕大な信賴を寄せている文化の不滅性に有限な自己の存在を託しているかにみえるのである。

孔子が匡の地で圍まれたことについて、『論語』には、上に擧げた子罕篇の外に、先進篇にも次のような記事が載せられている。

子畏於匡、顏淵後、子曰、吾以女爲死矣、曰、子在、回何敢死、

この孔子と顏回との問答は、恐らく、子罕篇に載せる記事と相前後する一連の事件の中

の一齣であろう。時間的な點で言えば、孔子が匡人によって圍まれている所に、それまでずっと同行していて、途中孔子一行と道にはぐれてしまっていた顔回が遅れてやっと孔子のもとにたどり着いた。[注1]そして、こうした會話が交わされている點からみるに、顔回が孔子一行に追いついた時は、その理由については後述するが、子罕篇に傳えられるような切羽詰まった事態が少しは緩和されて、匡人の包圍にも收束の氣配がみえてきた段階だった、と推測してよいであろう。そして、孔子一行が匡にたどり着くまでに、既にひょっとすると死ぬかもしれないような容易ならざることが生起していて、その對應に顔回は忙殺され、必要以上に時間を取られていたのではないか、ということまで推測させるのである。そうでなければ、幾分冗談混じりの氣味が感じられるとしても、「てっきりおまえは死んでしまったとばかり思っていた」などとは言えないであろう。

　この孔子と顔回のやりとりは上で理解したような場面の中でのことだったとする推測が狂いのない情況設定だとすれば、この先進篇の章句はどのような意圖で『論語』に收められたのであろうか。まさか單に孔子や弟子の顔回がどれほどの苦難を經驗していたかを示すためだけのものではあるまい。

『論語』全篇を通してみられるように、顔回に對して孔子が特別な感情や期待を抱いていたという事實に照らして考えるならば、一つには、孔子と顔回の子弟關係の濃密さを强調したものだという理解が可能である。

劉寶楠の『正義』は、曲禮上篇の「父母在せば、友に許すに死を以てせず」の語を引いて、「顔子　夫子に事ふること猶ほ父のごとし、故に子在す、回何ぞ敢へて死せんや」という。更に『呂氏春秋』勸學篇の曾點と曾參の父子關係に比する形で、如上の先進篇の章句を引き、孔子と顔回のことについて次のように説明している。

蓋顔子隨夫子行、忽遇匡人之難、相失在後、夫子必心焉望之、望之而不至、則疑其爲匡人所殺、雖在顔子、必不輕身赴鬬如子路之慍怒奮戰、然亂離之時、或不幸而死於非命、此亦人事所恆有、及後顔子來見、夫子喜出望外、故直道心之所疑、初不料顔子之未死也、

「其の匡人の殺す所と爲る」という一句から推測するに、劉寶楠は、孔子一行が匡人に圍まれ、その解放後に、顔回だけが遲れて、先行していた孔子の所に驅けつけた時のことが先進篇の章句の記事の場面だと考えているようである。なぜ顔回が遲れることになったのか。匡人に對する事後處理にでも當たっていたとも考えられる。しかし、劉寶楠も、孔子が陽虎と間違えられて、匡人に圍まれ、間違いだったと判明して解放されたのだという諸傳とこの記事を關連づけているから、この章句の場面設定を匡包圍解放後のこととする推定には無理があるように思われる。

孔子が匡で圍まれた經緯の理解については、『莊子』秋水篇の次に擧げる所傳に負う點が多いようである。

孔子遊於匡、宋人圍之數匝、而絃歌不輟、子路入見曰、何夫子之娛也、孔子曰、來、吾語女、我諱窮久矣、而不免、命也、求通久矣、而不得、時也、當堯舜而天下無窮人、非知得也、當桀紂而天下無通人、非知失也、時勢適然也、夫水行不避蛟龍者、漁父之勇也、陸行不避兕虎者、獵夫之勇也、白刃交於前、視死若生者、烈士之勇也、知窮之有命、知通之有時、臨大難而不懼者、聖人之勇也、由處矣、吾命有所制矣、無幾何將甲者進辭曰、以爲陽虎也、故圍之、今非也、請辭而退、[注2]

たといこの秋水篇の所傳が事實を傳える記事だとしても、否、事實を傳えていると信じるほど、顔回が匡人に殺されたのではないかと孔子が心配したとする劉寶楠の推測は成り立たないだろう。陽虎と誤認していたと言って、圍みを解いたというのであれば、顔回だけが殘らねばならなかったとは考え難いし、たといかれが何らかの理由で殘ったのだとしても、この匡人の言辭に照らして、何らの理由原因もなしに、顔回が生命の危險に瀕するような事態に遭遇するとは想像し難い。よほど顔回が匡人の怒りを買うような失態や失言をしたのであれば別だが、數多くの弟子の中で、孔子が唯一好學者として認め、「怒りを遷さず、過ちを貳びしなかった」顔回の人となりから推して、そうした擧措に出たとも考えられないのである。こうみてくると、孔子が匡人に圍まれている所に顔回が遲れてやって來たと考える方がより自然である。

ところで、『莊子』秋水篇の成立の問題とも關わるのであろうが、秋水篇所傳の記事はあくまでも莊子學派から見た孔子觀に根ざした說話に過ぎない。命の問題をこうした說話を通じて問題にしているのは、孔子の思想がそうした內實を備える性質を含んでいることを明確にしてみせたかったからなのである。孔子が顏回を稱贊して、「賢なる哉回や、一簞の食、一瓢の飲、陋巷に在り、人は其の憂ひに堪へず、回や其の樂しみを改めず、賢なる哉回や」（雍也篇）といっていることなどからみても、孔子の思想が莊子的なものと全く無緣であると考えるのは思想の理解としては必ずしも正しい態度とは言えないであろう。[注3]

しかし、孔子の理解に莊子的な要素を加えることを幾分でも避けようとする立場では、この匡の地で圍まれた時の狀況とそれに對應した孔子の思想的な態度を次のように說明解釋する。

孔子之宋、匡人簡子以甲士圍之、子路怒、奮戟、將與戰、孔子止之曰、惡有脩仁義而不免世俗惡者乎、夫詩書之不講、禮樂之不習、是丘之過也、若以述先王好古法而爲咎者、則非丘之罪也、命也夫、歌、予和汝、子路彈琴而歌、孔子和之、曲三終、匡人解甲而罷、（『孔子家語』困誓）

この『孔子家語』では、なぜ孔子一行が匡人に圍まれる羽目に陷ったかには言及していない。しかし、匡で孔子が圍まれたことに關する理解について、『家語』の編者は『史記』やその他の所傳、すなわち『莊子』秋水篇に端を發するとみられる陽虎と誤認されたために圍まれたのだという傳承とは異なった立場でことをみていると言えるだろう。
陽虎誤認說については、「孔子世家」の「顏剋　僕爲り、其の策を以て之を指さして曰く、昔吾此に入る、彼の缺けたるに由るなり、と。匡人以て陽虎と爲す。陽虎嘗て匡人に暴せり、匡人是に於て遂に孔子を止む。孔子狀陽虎に類す。焉を拘すること五日」という記事が最も信憑性を得て、孔子が圍まれた理由とする。そして、梁玉繩は、この世家の記事を補强するために、毛奇齡の『四書賸言』の「春秋傳、公　鄭を侵して匡を取ること、定公六年に在り、季氏軍に在りて專制するを得ずと雖も、凡そ衞を過るに道を假らず、反って城を穿って其の地を躪む、其の令皆陽虎自り出づ、是れ虎實に師を帥ゐしなり、鄭を侵すの時に當たり、匡は本鄭の鄙邑なり、必ず晉の爲に伐ちて取りて以て憾みを釋かんと欲す、而して匡城適たま缺く、虎　顏剋と其の穿に就きて之に入る、虎の匡に暴する是を以てなり。夫子匡を過るに至り、適たま顏剋僕爲り、匡遂に以て虎と爲して之を圍む」の考證を援用し、「毛氏の此の解、明白にして據る可し」と言っている。（『史記志疑』）
この梁玉繩の見解に集約される陽虎誤認說は如何にも事件の顚末としてはあり得べきこととしての說得力をもった考證にみえる。しかし、餘りにもできすぎた話、すなわち、孔子を絕對的な聖人として、生命の危險に及ぶような危難を蒙るようなことは普通ではあり得ない、あり得るとすれば、孔子自身の本質的價値を損なわないような事件に卷き込まれる時であるとの先入觀に根ざした司馬遷の虛構に依據しているかのように思われるのである。

この司馬遷の「孔子世家」の虚構性については、渡邊卓『孔子説話の思想史的研究』(『古代中國思想の研究』所收)の中で、精緻な考證が加えられている。そして、崔述『洙泗考信錄』の「子罕篇畏匡章は其の詞婉なり」の語を援用して、「子畏於匡」の事跡は、述而篇の「子曰、天生德於予、桓魋其如予何」を母體にして成立した章句であって、孔子の實像に基づいた事實の傳承ではなく、「孔子を天や聖人系譜に連ね斯文の保持者と規定する劇的な前提に立っては眞に人間的な孔子の自信というものを形象化することができかねた」結果に基づく說話化された言葉だと論證される。また、崔述も「世家」の陽虎誤認說について、人情に照らしてあり得べからざることとし、「此れ其の說を爲すこと至って陋にして、皆必ず無きの事にして、而るに世咸之を信じ、朱子と雖も亦之を采る、其れ異なるかな」(『洙泗考信錄』卷之三)と斷じている。[注4]

ところで、匡難の事實は元々無かったことであり、後代の爲にする架空譚であるとすれば、無かったことを前提にして、『論語』全體の思想についてならいざ知らず、孔子その人の言葉や思想を解釋するための資料として用いても的はずれなことになってしまい、あまり意味のないことである。說話のもつ意味について言えば、思想史的には、緯書に特徴的に見られる孔子の神格化、超人化につながる點でも、すでに『孔子說話の思想史的研究』の指摘するような意味をもつのであろう。もっとも、この章句が說話であるとして、この説話の意圖は、必ずしも孔子の聖人化のみの方向をもつだけともいえず、「生死の境に出入した經驗の無い儒者の手によ」（『孔子説話の思想史的研究』）る虚構だとするならば、むしろ儒家の擔う文化の不滅性、あるいは優位性を孔子の名に假りて語ろうとしたものだとも理解できるであろう。そして、「天生德於予、桓魋其如予何」を母體にして、「天未喪斯文也、匡人其如予何」が説話として成立したものだと考え、説話の發展展開の過程の問題として捉えるならば、孔子個人の聖人化から文化の問題、あるいは個人と文化の關連の問題に視點が移行したものだとも理解できるであろう。

　また、崔述は、匡難の事件を歴史的に實際にあったこととはせず、傳承上の混線、混同、混亂に本づくものだとする。この匡難の件は、『孟子』萬章上の「孔子　魯・衞に悅ばれず。宋の桓司馬將に要して之を殺さんとするに遭ふ。微服して宋を過ぐ」が大本になっている。この『孟子』所傳の內容は、桓魋は孔子が陳に適き、匡に出ようとするのを聞いて、匡人をして孔子を要せしめた、というのがことの實相であって、後人がこれを分けて匡と宋の二つの事件にしてしまったのではなかろうか。子罕篇の「天の未だ斯の文を喪ぼさざる、匡人其れ予を如何せん」と、述而篇の「天　予に德を生せり、桓魋其れ予を如何せん」の二章は、語意も正同であり、また一時一事の言に似ていて、記者が各々聞く所を記したので、その詞が小異したのであって、「未だ必ずしも孔子生平患難に遇ふ毎に卽ち是の言を爲さざるなり。然らば則ち畏匡と過宋は絕えて一事に似る、恐らくは分けて二と爲すを得ざるならん」（『洙泗考信錄』卷之二）と考證、解釋する。

これも傳承の混亂、混同の整理に屬することの一つであるが、「子畏於匡」には、どのような歴史的な事實經過が隱されているかについて、銭穆は「孔子畏匡乃過蒲一事之誤傳與陽虎無涉辨」（『先秦諸子繫年』上）の中で、次のように考證している。

この銭穆によると、匡と蒲とは近接した地である。孔子が匡で危難に遭遇したとされているが、この一件は、「孔子世家」の「孔子陳を去って蒲を過ぎる、會たま公叔氏蒲を以て畔く、蒲人孔子を止む、弟子公良孺なる者有り、私車五乘を以て從い、鬪ふこと甚だ疾なり、蒲人懼る、孔子を東門より出だす。孔子遂に衞に適く」と一連のことである。『論語』には匡での一件しか傳えられていなくて、蒲の地のことが傳えられていないのは、匡と蒲の難は本來一事であって、「世家」所載の「孔子畏匡」は後世の誤傳で信ずるに足りないことだとする。すなわち、匡と蒲とは近接した地であるため、蒲の地で巻き込まれた事件が匡での危難として誤って傳承されたのだと推測する。從って、陽虎誤認説も當然あり得ないことになるが、匡人が孔子を陽虎と誤認していたのであれば、一言で誤解は解けるはずであり、五日間も拘束されることはあり得ないということも誤認説否定の理由とされる。

崔述の考證にしろ、銭穆説にしろ、陽虎誤認説にしろ、いずれも歴史の眞相を探り、孔子の實像に迫ろうとする試みの一つである。いずれに信實性を求めるにしろ、『論語』に収められた兩章句の意味を明確に理解するための狀況や場面設定の說明としては必ずしも十分ではない。狀況や場面を十分に明確にし得ないが故に、この匡難は、孔子の身の上に實際に生起した事件ではなく、孔子の偉大性を根據づけ、證明するために架空の事件として假設されたのだとされ、說話の問題を提供していると理解されるのである。說話化の問題については、既に言及したが、說話として捉える立場であれ、孔子が難に遭遇したことまでも否定したりはしない。

また、匡難の內實が一體どうであったのかという事實理解については、上に見て來たように多様な理解が提示されている。これらの理解のいずれに依據するにしろ、「子畏於匡」の章の孕む問題點の思想的な理解については必ずしも十分に行き届いたものではないように思われる。

孔子個人の責任に歸する問題でもなく、また孔子自身が標的にされたのでもなく、偶發的な事件に巻き込まれて、衆人に取り圍まれたことが原因になっているだけで、果たして「天の未だ斯の文を喪ぼさざるや、匡人其れ予を如何せん」と、文化の擔い手としての自負、文化の運命にまで言い及んで眼前の事態に對應するであろうか。況して「匡人　予を如何せん」と言っているのである。むしろ、『莊子』などが傳える、個人に降りかかる運命を孔子がどう受容したのかという問題設定に基づく說話化の方が、偶發的な危難への思想的、ないしは心的對應としては自然であろう。ただ、誤認說に基づく說話化には事実を問う側からの疑念が提示されるに過ぎないのである。

既に上に引いた「匡人　予を如何せん」という言葉に端的にみられるように、この子罕篇の言葉は、事實關係や因果關係については確かめようもないが、人間違いや銭穆の指摘するような他の事件に巻き込まれたためにこうした危難に遭遇したのではなく、孔子自身が當事者であって、攻撃の標的になっていたことを窺わせる發言だと解する方が、この章句全體の理解としてもより信實性を持つように思われる。他でもなく孔子自身が標的にされ、孔子自身もそのことを十分承知していたが故に、「匡人　予を如何せん」と自己の問題として發言しているのである。自分の生き方や文化傳承のあり方に關わって、すなわち自己のあり方の根源に迫る脅威を伴っていたが故に、それは自己の思想的な立場、あるいは文化の問題の根源に關わることとしてこの包圍攻撃を捉え、天と結びつけて文化の問題に言及したのである。普遍的な價値の傳承者、實現者であるとの強い自覺が、正確な史實の記録をもたない今となっては、いかなる理由によるかは推測によるしかないが、個別事情に起因する特殊な價値實現を志向するに過ぎない匡人の矮小性をそこにみてとったのである。だから、孔子は天と文化との問題を自らの問題とし得たのであろう。從って、上で分析して來た方向に沿うならば、子罕篇の章句理解としては、上引の『家語』困誓篇の情況設定の方により強い說得力があると言ってよい。「先王を述べ古法を好むを以て咎と爲す者は、則ち丘の罪に非ざるなり」と言わしめている孔子理解は、やはり孔子のおかれていた當時の時代状況を正確に説明しているのではなかろうか。「仁義を修めて世俗の惡を免れざる」ことは、この時代に限らず、いつの時代であれ生ずることであり、むしろ仁義を修めているが故に世俗の惡を蒙ることが世俗の常態だとも言いえよう。[注5]

陳士珂の『孔子家語疏證』は、この困誓篇は『韓詩外傳』や『説苑』雜言篇に基づいていると考證している。ただ、出典とされる二書はいずれも陽虎誤認説を受けている。『家語』がこれらの兩書によって僞作せられたものだとしても、無批判に陽虎誤認説を繼承していないのであるから、その資料の取捨選擇は必ずしも的はずれではないと言える。通説の通り、『家語』が王肅の僞作であるとすれば、實證を拔いた推測には躊いがないわけではないが、かれの生きた時代とその状況認識がそうした資料の取捨選擇をせしめたのかもしれない。

『家語』の問題も含めて、上の如く論じ、考察してきたことが正しいとすれば、なぜ孔子が匡人の攻擊を蒙ることになったのか。孔子を抹殺したり、あるいはその存在に制約を加えることによって何らかの具體的な利益が得られるのであれば、誰かの命を受けてのことにしろ簡單に解放したとも思えない。やはり、この亂れた世を正そうとして黨派を組んで天下を經巡っている孔子やその弟子たちの自負や情熱を一種の氣取り、更には傲慢さと受けとり、かれらに對する反感や反發が昂じて、その〈虛飾と虛榮〉を剝ごうとするほどまでの敵對感なり嫌惡感をある種の人々に植えつけてしまっていたことが原因になっていたとも考えられるのである。[注6] あるいは、孔子がなってはならないとした「小人儒」(雍也篇)にとっては、孔子の存在は十分敵意の對象たり得たであろう。あるいはまた、もっと單純に理由もなく、嫌がらせの氣味を含めて暴徒が孔子を襲ったとも考えられよう。

後には孔門の十哲の一人にまで數えられる子路が、嘗て無賴の徒であった時、孔子を輕侮し、淩辱しようとしたことは、「仲尼弟子列傳」に「性鄙にして、勇力を好み、志は伉直に雄鷄を冠り、猳豚を佩び、孔子を陵辱す」と傳えられ、『莊子』盜跖篇には、「〔孔〕子甘辭を以て子路に説きて之を從はしめ、子路をして其の危冠を去り、其の長劍を解かしめ、敎を〔孔〕子に受けしむ」と子路が「手もなく孔子に説破されて」(白川靜『孔子傳』)敎導されたことを傳える。これだけの傳承では、子路がどのようないきさつで孔子を淩辱しようとしたかは不分明だが、孔子を襲い圍んだ匡人もそうした嘗ての子路のような手合いであったのかもしれない。だからこそ、どの所傳も憤然たる子路の怒りをこの危難に絡めて事件の顚末を構成しているのではなかろうか。單に子路が武勇の徒として孔子に隨伴し、その護衞をしていたということだけではなさそうに思えるのである。そのように考えると子路の怒りの深さと孔子の對應の冷靜さとがより妙味を持つことになり、孔子が危害を加えられることなく解放されたことも理解できるのである。

子路を感化せしめた孔子のことである。劣情にしか支えられていない匡人の攻擊をかわすことは事態の進展の過程でそれほど厄介なことではなくなっていき、そこに後れていた顔回が馳せ参じたのではなかろうか。このように考えると、孔子が危難を何とか凌げる目處をつけていたからこそ、後れて來た顔回の顔を見るや、「吾女を以て死せりと爲せり」と言えたのであろう。二つの氣懸かりなことが落着したり、またしそうになっている安堵の氣味を含みながらの發言だった。顔回もそれに對えて、「子在す、回何ぞ敢へて死せん」と言えたのである。孔子のもとにたどり着いた時、孔子一行がただならぬ状況に置かれていたことは、顔回にすれば容易に察知できることであるから、孔子の言葉を聞くや、他でもない尊敬して止まない師の孔子の健在を喜ぶとともに、「先生がご健在なのに、どうしてこの私が死んだりしましょうか」と孔子に寄せる顔回の敬慕と一體感を熱く語ったのである。

そしてまた、この孔子の「吾女を以て死せりと爲せり」という言葉を子罕篇の一件とは切り離して收めた『論語』の編者の意圖を酌む時、早世した顔回を慨嘆して、「噫、天予を喪せり、天予を喪せり」（先進篇）と言い、「慟すること有るか。夫の人の爲に慟するに非ずして誰の爲にか爲ん」（先進篇）と言った孔子の言葉との關連に想到せざるえない。「孔子の生涯において、最も重要な時期とみられる亡命中の記録は、おそらく顔回の手で用意されていたのではないか」（『孔子傳』）、また「顔回のことは、『論語』に二十一條みえる。その六條は、顔回の死の時に關しており、また三條は顔子を追思したらしい孔子の語である。それは顔子の弟子たちによって、記録し傳えられたものであろう。」（同上）との見解に従うならば、孔子は顔回の死を最も恐れていて、匡で畏せられた時の、孔子の不安に驅られた言葉が現實になってしまったことの非條理を浮き立たせ、あるいは孔子自身の不吉な豫感を振り拂おうとしていた願いが空しい結果になってしまったことを際立たせるために、この章句は『論語』に書き殘されたのであろう。その將來を託した愛弟子を失った孔子の悲しみに重ねて、その教えを受ける機會の少なかった敬愛する師たる顔回を早く失ったその弟子たちの深い悲しみがこれらの傳承の奥に隠されているように思われるのである。

注

(1)『史記』「孔子世家」は、そうした理解で傳記を構成して、「居十月、去衞、將適陳、過匡、顏刻爲僕、以其策指之曰、昔吾入此、由彼缺也、匡人聞之、以爲魯之陽虎、陽虎嘗暴匡人、匡人於是遂止孔子、孔子狀類陽虎、拘焉五日、顏淵後……」とし、定公十四年のこととする。

(2)前引の『史記』「孔子世家」について、「考證」は「史の文此(秋水篇)に本づき、而して附するに顏剋の事を以てす」と考證する。『說苑』『韓詩外傳』なども同じような說話を傳える。

(3)白川靜『孔子傳』は「儒家に對するきびしい批判者とされる莊子は、その精神的系譜からいえば、むしろ孔子晩年の思想の直系者であり、孟子は正統外の人である。」という。

(4)視野狹窄のため、「子畏於匡」を實際には生起しなかったかもしれない事件であるとの理解を視野の外に置いていた。『孔子說話の思想史的研究』及び『洙泗考信錄』の提起する問題に關連する部分は、編集委員會のご指摘により補正加筆した。
（5）前掲の『孔子傳』は、孔子を反體制者として位置づけている。
（6）『莊子』盜跖篇の孔子觀などはその象徵であろう。あるいは、『晏子春秋』外篇第一「仲尼見景公、景公欲封之、晏子以爲不可」に傳える晏嬰の孔子評價なども孔子批判を示す具體的な例である。

莫見於隠、莫顯於微

はじめに

「隠れたるより見はるるは莫く、微なるより顯かなるは莫し」というこの一見逆説的とも言える表現に託されている意味が那辺にあって、少し大胆な発想をしてこの言葉の奥に隠されている思想史展開のダイナミズムをなぞらえてみようというのが、この小稿の目論見である。

極端な事例であるが、「学庸論孟」を「学は論孟を庸《もち》ふ」と読み解く中国史の専家がいるほど、今や四書五経という言葉も呪文にもならぬほど死語に堕しつつあって、専門の論説の対象にするには陳腐すぎる題材ではないか、時流から遠ざかりすぎているのではないか、と冷笑さえされかねない問題意識であるかもしれないが、思想史の隙間を縫ってみようと試みた次第である。

一

そもそも、四書のうち、「大学」と「中庸」は、『禮記』四十九篇を構成する第三十一篇が「中庸篇」であり、第四十二篇が「大学篇」である。

「大学篇」の思想の核心は「修身齊家治國平天下」という言葉に集約されるように、聖と俗という二項対立の図式で謂えば、俗の問題つまり世の中をどのように治め、秩序づけるかという問題を扱っていると言える。勿論、その前提として「格物致知」という言葉で表現されているように、知性の認識作用の問題もぬかりなく根源的に問うている。

これに対して、「中庸」は、形而上的問題を扱っていて、周知の如く、前半部分では中庸が、後半では誠がテーマになっている。朱子以降は、中国哲学（形而上学）の最高峰に位する内容をもつ書物であるとするのが定論になっていると言われるほどである。[注1]

道教や仏教の教義、殊に仏教のそれに対抗できる思想内容を「大学」と「中庸」に託して儒教の再構築を企図したのが朱子学つまり宋学だと言うことが許されるならば、聖なるつまり精神世界の問題を色濃く考えようとしている書物が重要な意味を与えられたのは当然である。しかも「中庸」は、老荘思想を根底的に意識している内容を擁しているのである。

「季路　鬼神を問ふ。子曰く、未だ人に事ふる能はず、焉んぞ鬼に事へん。敢へて死を問ふ。曰く、未だ生を知らず、焉んぞ死を知らん」（『論語』先進）と伝えられるように、孔子は、鬼神や死後の世界のことには距離を置いていた。孔子の言葉を借りれば、「疑はしきを闕く」というのが基本的態度である。確実に見ること聞くことができることに立脚して問題を考えようとしていたと言うことができる。

この孔子の思想傾向が基本にあるのかどうかは別にしても、一般に儒家は天神や霊魂の存在を信じていないと批判されている。殊に儒家と厳しい対立関係を打ち出していた墨家は儒家の無神論的思想を次のように批判している。

公孟子曰、無鬼神、又曰、君子必學祭禮、子墨子曰、執無鬼而學祭禮、是猶無客而學客禮也、是猶無魚而爲魚罟也、（『墨子』公孟篇）

有神論の立場を鮮明にする墨子の側からみれば、儒家は無神論者の集団なのである。祖先崇拝という宗教意識を否定するわけではないが、少なくとも神の存在を篤く信じることができないのが儒家の天神に対する立場だと墨子の側は見なしていたことは間違いない。

こうした墨家の批判を受けて、王充のように、鬼神の存在を信じない立場に明確に立つならいざ知らず、神的なもの、少なくとも神秘的なるものをどこかに求めたい戦国時代の儒家にとって、自学派の礼法上の問題の整合性をも含めて、他の学派と対抗するためにも、目には見ることのできない、総じて言えば人間の感官では実証的に確認しがたい神的なるものの存在の問題を如何に考えるかは重要な形而上の課題であったのではないかと考えられるのである。

「中庸」の首章の「微なるもの」「隠れたるもの」という言葉に拘わって言うならば、老子や荘子には次のような言葉がある。

先ず、『老子』第十四章を挙げれば以下の通りである。

視之不見、名曰夷、聴之不聞、名曰希、搏之不得、名曰微、此三者不可致詰、故混而爲一、其上不皦、其下不昧、縄縄不可名、復歸於無物、是謂無狀之狀、無物之象、是謂恍惚、迎之不見其首、随之不見其後、執古之道以御今之有、能知古始、是謂道紀、[注2]

そして、『莊子』外篇在宥第十一は次のように言う。

來、吾語女至道、至道之精窈窈冥冥、至道之極昏昏默默、無視無聴、抱神以靜、形將自正、必靜必清、無勞女形、無搖女精、乃可以長生、目無所見、耳無所聞、心無所知、女神將守形、形乃長生、愼女內、閉女外、多知爲敗、我爲女遂於大明之上矣、至彼至陽之原也、爲女入於窈冥之門矣、至彼至陰之原也、

老子の言葉は、人の視覚、聴覚、触覚などで把握できないものを意識したものである。目にも見えない、耳にも聞こえない、触っても触ることができない。だからこそそれらは渾然としたものだと言わざるを得ない。もし見たり、聴いたり、触ったりすることができ

るならば、個別の存在として把握し名付けることができる。個別性の認識がそこに成立する。それができないからこそ、そうした目にも見えない、耳にも聞こえない、触っても触ることができない存在は、言葉で言い表せば、「無物」としか言いようがなく、「無状之狀、無物之象」と定義づけて、「恍惚」と形容するのである。

一方、『荘子』は、至道の精妙そのものは、窈窈冥冥としていて視覚で捉えることができず、また至道の至極そのものは、昏昏默默としていて聴覚を働かしても聴くことができず、神的なるものを抱いて静謐であって、形つまり肉体も自ずから正しくなるという一種の養生の根本を説くのである。

以上老子と荘子が問題にしている目に見えないもの、耳に聞こえないもの、触ることができないものに関する基本的見解を取り上げてみた。

二

ここで「中庸篇」の首章の原文とその読み下し文とをここに掲出して問題点を掘り下げてみたい。

天命之謂性、率性之謂道、脩道之謂教、道也者、不可須臾離也、可離非道也、是故君子戒愼乎其所不睹、恐懼乎其所不聞、莫見乎隱、莫顯乎微、故君子愼其獨也

天の命ずる之性と謂ひ、性に率ふ之道と謂ひ、道を脩むる之教へと謂ふ。道なる者は須臾も離る可からざるなり。離る可きは道に非ざるなり。是の故に君子は其の睹ざる所に戒愼し、其の聞こゑざる所に恐懼す。隠れたるより見はるるは莫く、微なるより顕かなるは莫し。故に君子は其の独りを慎むなり。

冒頭の一句は、天が人間に内在している、人間性は天の命じ与えたものであることを宣言している。と同時に、人間の誕生は、それは人類としての人間であれ、個人としての人間であれ、天命に基づいているのだと言っていると考えられる。そして、その性に率《したが》って成立しているのが人の歩むべき道であって、その道を修めることが教え、つまり倣うということであるというのだと理解してよかろう。

このように解釈することが正しいとすれば、老荘思想の道が人間の外にあって、全ての者を成り立たせ、その原理になっていると考えているのに対して、当然とはいえ、「中庸」で説いている道は、天が人を媒介にして成り立たせている原理、つまり天が与えた命によって外在化して規範化したものであると言えるであろう。道家とは異なって、外在化さ

せているとはいえ、道というものをあくまでも人を介して理解しているということができるのである。そのことが次の「隠れているもの」「微なるもの」と結びついていると考えられるのである。その問題は後述するとして、代表的な先人の注釈を取り上げてみたい。

鄭玄はこの首章について次のように注している。

天命、謂天所命生人者也、是謂性命、木神則仁、金神則義、火神則禮、水神則信、土神則知、孝經說曰、性者、生之質、命、人所稟受度也、率、循也、循性行之是謂道、脩、治也、治而廣之、人放效之、是曰教、小人閒居爲不善、无所不至也、君子則不然、雖視之无人、聽之无声、猶戒愼恐懼、自脩正、是其不須臾離道、愼獨者、愼其閒居之所爲、小人於隱者、動作言語、自以爲不見睹不見聞、則必肆盡其情也、若有佔聽之者、是爲顯見、甚於衆人之中爲之、

冒頭の「天命」の鄭注をどう読むのか。迷うところである。後にわざわざ緯書の『孝經說』を引いている点から推して、「天命とは、天の命じて人を生む所の者なり」と読むのが鄭玄の意図に沿うと考えたい。「天の生人に命ずる所の者なり」と読む人もいる。そう読むと大分意味が異なってくるように思われる。つまり、「天命とは、天の命じて人を生む所の者なり」というのは、生まれている人に命じるのではなく、人を生んだという天の命令にこそ意味を認めているのが鄭玄の読解であって、性と命は不可分であると理解していたのではなかろうか。

そして、小人閑居以下を読めば以下の通りになろう。

小人閑居して不善を為し、至らざる所无きなり。君子は然らず。之を視るに人无く、之を聴くに声无しと雖も、猶ほ戒慎恐懼し、自ら修め正しくす、是れ其の須臾も道を離れざるなり。独りを慎むとは、其の閑居の為す所に慎む。小人は隠るる者に於いては、動作言語、自ら以て睹られず聞かれずと為せば、則ち必ず肆ままに其の情を尽くすなり。若し之を佔《うかが》い聴く者有れば、是れ為に顕見し、衆人の中に於いて之を為すより甚だし。

鄭玄は、隠れて行われる人の行為は、衆人環視の中で行われるより程度が甚だしく悪い、というより、衆人環視の中では行わない行為だと考えるからである。恐らくそれは悪いという価値判断をもちつつ人の知る所とならないので敢えて行っているという道徳的自律性の欠落を問うているのだと言えよう。「隠れている」ということへの言及はなされているが、「微なる」ことについては内容的な解釈はなされていなくて、「隠微」として包括して解釈しているようにみえる。

この「隠」「微」に関連した注釈を取り上げると、朱子は次のように注している。

隱、暗處也、微、細事也、獨者、人所不知而己所獨知之地也、言幽暗之中、細微之事、跡雖未形而幾則已動、人雖不知而己獨知之、則是天下之事無有著見明顯而過於此者、是以君子既常戒懼、而於此尤加謹焉、所以遏人欲於將萌、而不使其滋長於隱微之

中、以至離道之遠也、（四書章句中庸集注[注3]）

一応訓読しておこう。

隠は、暗処なり。微は、細事なり。獨とは、人の知らざる所にして己の独り知る所の地なり。言うこころは、幽暗の中、細微の事、跡　未だ形はれずと雖も而れども幾《きざし》は則ち已に動き、人知らずと雖も而れども己獨り之を知れば、則ち是れ天下の事著見明顯にして此に過ぐる者有ること無し。是を以て君子は既に常に戒懼[注4]して、此に於いて尤も謹を加へ、人欲を将に萌さんとするに遏《とど》めて、其れをして隠微の中に滋長せしめて、以て道を離るるの遠きに至ら使めざる所以なり。

そして、「道」と「其所不睹」「其所不聞」については、

道者、日用事物當行之理、皆性之徳而具於心、無物不有、無時不然、所以不須臾可離也、若其可離、則爲外物而非道矣[注5]、是以君子之心常存敬畏、雖不見聞、亦不敢忽、所以存天理之本然、而不使離於須臾之頃也

と解釈していて、子細に検討すると色々と興味深い内容を含んでいるので、ここに読み下して些か解説を試みておこう。

道とは、日用事物当に行うべきの理、皆性の徳にして心に具はり、物として有らざる無く、時として然らざる無し、須臾も離る可からざる所以なり、若し離る可くんば、則ち外物爲りて道に非ず、是を以て君子の心常に敬畏を存し、見聞せられざると雖

も、亦敢へて忽《ゆるが》せにせず、天理の本然を存して、須臾の頃も離れ使めざる所以なり。「君子之心常存敬畏、雖不見聞」の二句については、朱子の意図に従えば、恐らく上のように読み下すのが穏当だと考える。何故なら、見聞しているのは、道ではなく己以外の人であり、見られて聞かれているのは、君子自身つまり己自身だと考えていると思うからである。もっとも、「見聞」という事象は見聞する者とされる者との両者があって成り立つのであるから、「〔人〕見聞せずと雖も」と読むこともできる。「常に敬畏の心を存して、敢へて忽せ」にしないのは、「天理の本然を存し」ていて、ほんの僅かの間をも道から離れせしめないからなのである。「敬畏の心を存する」ことと「天理の本然を存する」ことは、相即の関係にあると朱子は考えているのである。一般化して言えば、一方が成立していなければ、他方も成立しないと考えるのが朱子の論理だということになろう。

そして最大の問題は、道をば、「性の徳にして心に具はる」として道を人に内在化させている点である。その結果、「隠」「微」の解釈としては隔靴掻痒の嫌いを拭えない。

鄭注と朱子の注釈を挙げたが、安井息軒は『中庸説』で「君子は其の見聞の及ばざる所に戒愼恐懼するなり、餘は鄭注之を得たり」と注している。

総じて言えば、行為者とは異なる者が見たり聞いたりしている。見たり聞いたりする者がいるかいないかが問題にされている、と言うことができるだろう。

三

この「其所不睹」「其所不聞」の両句、すなわち目には見えないもの、耳には聞こえないものとは、単刀直入に言えば、性として内在化した天、天神そのもの、誤解を恐れず今様に分かり易く言えば、神そのもの、広く言えば、祖先の神霊や精霊などを包摂した神的存在をそのように表現したものだと考えれば非常に分かり易いのではないか。朱子の解釈もそれに近いと言えば言えるかも知れない。ただ、上で説いたように、「外物為りて道に非ず」というのは、誤解を生む説明のように思われる。何故なら、孔子の「人能く道を弘む。道　人を弘むに非ず」（『論語』衛霊公）というように、道は性の外在化したものであるという考え方と「中庸」の「性に率ふ之道と謂ふ」とは符合しているのである。注6 朱子のように、道は外物ではなくて、道は人に本質的に具有されていると考えてしまうと、道が人を弘むることができることになり、極言すると「独りを慎む」必要もなくなるのではないかというのが論理的帰結のように思われるのである。

人の心の中に隠れているからこそ、また、人の心の中の機微として存するからこそ、その見えないものは他者には見えなくても、意識さえすれば、己にははっきり見えるのであり、声が聞こえなくても、顕かに神の声として聞こえてくるのである。それが、「隠れたるより見はるるは莫く、微なるより顕かなるは莫し」の意味であって、だからこそ天神の存在を自己のうちに認識することができた、『中庸』の言葉に従えば、性として具現化された天命を認識することができた君子は独りを慎むことになるのである。これは事実と論理、論理と事実が密接に関連していることをも示していて、単なる観念的説明に堕していないとも言える。

従って、「慎独」とは、他者の目の届かない所に身を置いている状況に関わって問題にしているだけでなく、独りでいるときにこそ神を意識しておくべきであることを言っていると考えるべき問題提起なのではなかろうか。だから、「中庸篇」は、直ぐ後で「子曰く、鬼神の徳爲る、其れ盛なるかな矣乎。之を視れども見えず、之を聽けども聞えず、物に體あらしめて遺《わす》る可らず」と補強的に言葉を継いでいるのである。

墨子に代表される墨家は、儒家の無神論を批判していることについては既に言い及んでいるが、そうした批判に対して、儒家の側でも何らかの対応を迫られていたのが当時の思想界の状況だったと考えるのが普通だろう。儒家が神の存在を無視していないことの提起としてこの「中庸篇」の首章は位置づけられるのではないかと考えると、これまた「中庸篇」の成立の一つの事情というか、思想史的背景が理解できるのではないかと考えてみたのである。

結び

中庸とか誠とかという抽象的概念は、経験的には具体性を伴ってはいるが、具象的な内容として内実を込めて表現するのは大変厄介な所業である。それは人の心の問題であるからでもある。

昔からお化けの絵を描くのは一番易しいと言われてきた。どんな風に描いても許容されるからである。ところが、「中庸」で言う、「隠れたるもの」、「微なるもの」は人の心に寄りかかった事象であるから、お化けのようにどう表現してもよいというわけにはいかない。人であれば、誰しも心を具えていて、具体的に己の心に照らして何かを見つめることができる。だから具体性を伴ってことを説明することは危険である、誤解を招くという か、普遍妥当性を損なう恐れが十分ある。ものごとの本質は隠れている者、微なる者、それこそ隠微なところにあり、その隠微なところを隠微に表現しているのであるが、それを意識的目的的に把握して、展開した結果が中庸とか誠という概念に昇華されたのではないかと説明できないであろうか。

ところで、「隠れたるより見はるるは莫し、微なるより顯かなるは莫し」というのは、言うまでもないことであるが、通じて表現すれば、「莫見顯於隱微」となり、散じて表現すれば、中庸のように「隠れたるより見はるるは莫く、微なるより顯かなるは莫し」とな

る。この「隠れたるより見はるるは莫く、微なるより顕かなるは莫し」は、当時の俚諺ではないかとも説かれる。[注7]

日本にも、「道はめくらにききゃれ！　音はつんぼにききゃれ」[注8]という俚諺があるから、それに照らせば、赤塚説は的を射ているように思われるのである。庶民の知恵というか洞察力を生かしてこの書物の巻頭が飾られているとすれば、はなはだ興味深いことのように思われる。

注

（1）島田虔次『大学・中庸』上　朝日文庫

（2）「執古之道以御今之有」は、道を原理として現存の事象や事物が成り立っているのだから、道が存在を差配して動かしていることを言うのであろう。

（3）一本「滋長」を「潜滋暗長」に作っている。

（4）「既常」には「どんな時でも」の意で、「既」には「常」を強めた助字と解した。

（5）「則豈率性之謂哉」に作るテキストもある。

（6）「中庸篇」では「子曰、道不遠人、人之爲道而遠人、不可以爲道」と言っている。

（7）赤塚忠『大学・中庸』（明治書院　新釈漢文大系）

（8）鹿児島の俚諺に「歌は唖《むご》にききやい！　道はめくらにききやい！　理屈はつんぼにききやい！　丈夫なやちゃいいごっぱっかい！」というのが伝えられている。

第二編　春秋左氏傳

春秋何始於魯隱公

標題に掲げた「春秋何始於魯隱公」というのは、杜預の『春秋經傳集解』序の自問の言葉を引用していることは言うまでもない。この問いは、春秋經が、公羊經では哀公十四年の「西狩獲麟」で止め、左氏經は哀公十六年の「孔丘卒」で終わっているのは何故か、という質問を受けて、「筆を獲麟の一句に絶つ者は、感じて起こす所にして、固より終はりと爲す所以なり」と答え、その後を承けて発せられた設問の言葉である。

川勝義雄氏は、『正義』の解釋に基づきつつ、「この答えに触發された質問者は、先に提示した問いに対する答えがまだ全部すまないのに、では經文はなぜ魯隱公元年から始まるか、という問いをさしはさんだ。」と説明して、この問答の微妙なニュアンスに分け入った説明を加えられている。その當否はともかく、この設問に對して、杜預は以下のように答えている。

周平王、東周之始王也、隱公、讓國之賢君也、考乎其時則相接、言乎其位則列國、本乎其始則周公之祚胤也、若平王能祈天永命、紹開中興、隱公能弘宣祖業、光啓王室、則西周之美可尋、文武之迹不隊、是故因其歷數、附其行事、采周之舊、以會成王義、垂法將來、所書之王、即平王也、所用之歷、即周正也、所稱之公、即魯隱公也、

この杜預の答えは、読みようによっては難解な文章である。この難渋な文章を川勝義雄氏は以下のように訳出されている。

周の平王（前770〜720年在位）は、周公が造営した洛邑に都を遷した東の周の最初の王である。隠公（前722〜712年在位）[注1]は、亡き父の志をくんで、父が嫡子として愛していた幼い異母弟に国を譲ろうとの気持をもった賢君である。魯の隠公の在位の期間を考えれば、平王のそれと接続しており、隠公の位について言えば、侯の爵位をもった堂々たる列国の主君であり、その始祖にまでもとをたどって考えれば、周公の大いなる恵みを受けた後裔である。もし、平王がよき政治を行なって、永久に天命を授かるようにと祈り、先王をついで、周室中興の大功を立てることができたならば、そしてまた、もし隠公が始祖・周公の大事業を宣揚して、周の王室の栄誉を輝かすことができたならば、西周王朝のかの偉大さをつぐこともできたであろうし、文王と武王が残した理想的な王道楽土も地に墜ちてしまうこともなかったであろう。が、実際にはそうならなかった。[注1]（注は引用者に従う）

だからして、孔子は魯の隠公の治世以来の暦年に依拠して、実際に行なわれた事柄をそれぞれの年月に付け、周公が残した古くからの典礼をとり入れて、これによって真に王者たるものの、あるべき大義をまとめあげ、その基準を将来に残されたのである。『春秋』經文の最初に『春、王の正月』と書かれている王とは、すなわち平王である。正月をはじめ、經文に用いられている年月は、周王朝が制定した暦にほかならぬ。ついで經文に『三月、公、邾の儀父と蔑に盟う』というふうに公と呼ばれているのは、すなわち魯の隠公である。

（中国文明選12『史学論集』）

杜預の意図する眼目は、この答えの最後で明確に述べていることでも明らかなように、周を斥けて魯を王とする公羊學に対する反駁の意味が込められていて、言ってみれば、經書解釋の問題が根底に横たわっていて、左氏の經學的立場を意識しつつ、その經學的立場を歴史的事実の重視という所に置いて説明しようとしている点にあると言えるかと思うのである。

そうした内容的な解釈もさることながら、何故春秋が魯の隠公から始まっているのか、ということは、杜預ならずとも、素朴に沸いてくる疑問であろう。

ところで、この杜預の書き出しの「周の平王は、東周の始王なり、隠公は、譲國の賢君なり」という並べ方は、一見した所、何気ない比肩であるが、よく考えれば、實におかしい比較ではなかろうか。

東周の始王という時間を尺度にした捉え方と、譲國の君という徳というか一つの行為に対する価値評価を含んだ見方というように、異なった基準を持ち出して両者を比べて置いているのであるから、関係の餘りないものを並べて問題にしようとしていると言っても過言ではないのである。もっとも語法的にみれば、時間的に相近接する両者と譲國の魯君と周室中興の王者ということが互文的に取り上げられていると考えることもできるが。

従って、「其の時を考すれば相接す」ということだけで、両者を比肩しているのだとも言えるのであるが、時代だけを機械的に取り出して言うならば、平王の即位は、前七七〇年であるから、それに合わせるならば、むしろ、『新編史記東周年表』に従えば、前七六八年に即位している恵公の方がぴったりするのである。つまり、隠公三年に「天王卒」の記事があるように、平王の在位と隠公の在位は、僅かに三年しか重なっていない。

しかし、紛れもなく、『春秋』は隠公元年から書き起こされているのだから、当然恵公と平王とを結びつけることは出来ない。隠公が即位していた時の王が平王であり、その平王がたまたま東周の最初の王であったという偶然と『春秋』の最初の魯公が隠公であるから、杜預は両者が初めに位置しているという共通項に着目して、そこに必然性を求めて解釈説明しているということになるであろう。偶然と必然は相同じいということだとしても、何故『春秋』が隠公から始まっているのかの説明としては不十分だと言えるであろう。

そうしたなかで、杜預が、平王が東周の始王である事実に対比して、隱公を讓國の賢君としている所が気になる点である。隱公のことを「讓國の賢君」と杜預は明言しているが、そもそも、隱公「元年春王正月」の經文に対して、『左傳』は、「元年春王周正月」と傳を張り、即位が書かれていないことを解釈して、「位を攝すればなり」というだけで、讓國のことには言及していない。

にも拘らず、上で指摘したことと相容れない点があるとはいえ、公羊の解釈に依拠してまで、杜預が敢えて「隱公は讓國の賢君なり」と評価規定したのは、この時代、つまり春秋という時代の徴表を、この讓國ということに見てとっていた、言い換えれば、〈讓國〉がこの時代を象徴する行為の一つだと直観的に理解していたから、ではないか、と思われる。

肯定的ではないにせよ、『穀梁傳』も讓國の問題を論じていて、『左傳』だけが「位を攝すればなり」と曖昧な表現をして、讓國を問題視していないかの如き傳の張り方をしていることに想いを致して、公位継承の問題こそがこの時代の重要な歴史問題の一つであったというふうに追認し、『左傳』も同じ問題意識を共有していることを明示するために杜預は「隱公は讓國の賢君なり」と解釈した、と考える方が合理的理解になるのではなかろうか。

公羊傳が隱公を譲國の賢君と規定したのは、隱公は、後述の楚の子西のように、継嗣の問題について、原則を重視していて、隱公自身は公位に就くつもりは毛頭ない中で、諸般の事情を背負って君位に即かざるをえなくなって、位に即いたばかりに、弟の桓公に弑されてしまうという悲劇的運命が語り継がれてくる過程で成立した伝承に基づいてなされた価値評価ではないかという推測も許されるだろう。

周の平王も、単に東遷後の最初の王であったというだけでなく、かの有名な褒姒にうつつを抜かした幽王が褒姒との間に出来た子を太子にしたために、一度は太子を廃せられ、犬戎によって幽王が殺されて、母親即ち嘗ての幽王の皇后の親（外戚）である申侯を中心にした諸侯に擁立されて、王位に即いたという経歴の持ち主である。

即位の経緯を問題にするなら、隱公とて、桓公が幼いという公室内部の事情などから、諸大夫に引き立てられて公位に就いているのだから（公羊傳説）、その点での共通性を杜預は問題にしてもよかったように思う。

あるいは、ひょっとするとこの二句は、互文とまではいかなくとも、杜預の意識中では、隱公は春秋の始君であり、平王は譲國の賢君ではないにしろ、大夫の支援を承けた隱公と同じように諸侯によって擁立された王であるということが含意されていたのかもしれない。それが両者を結びつけるものとして意識されたのだと考えることもできる。

周知のように、『史記』の「世家」は、呉太伯世家が最初の篇であり、次ぎのような記述で書き始められている。

呉太伯・太伯弟仲雍、皆周太王之子、而王季歴之兄也。季歴賢、而聖子昌、太王欲立季歴以及昌、於是太伯・仲雍二人乃犇荊蠻、文身斷髪、示不可用、以避季歴。季歴果立、是爲王季、而昌爲文王。太伯之犇荊蠻、自號句呉、荊蠻義之、從而歸之千餘家、立爲呉太伯。

この一節は、一般的には、太伯と仲雍が父太王の意のある所を察知して、自らの王位継承権を譲った〈孝〉の問題として理解されている。一種の譲位譲國の問題が孝の問題を主軸にして説話化されたものであって、史実としては理解しない方がよい、つまり史料として扱う対象にしない方がよいという見解である。

例えば、江頭宏氏は『姓考——周代の家族制度』の「呉非姫姓説」のなかで、「呉が姫姓なりや否やについては、加藤常賢博士より、呉の太伯の奔呉は一個の説話と考ふべく、従って呉は姫姓に非ずと考えられる旨、御教示を受けた。その論拠については、詳しく承はる機会を得なかったが」という話を紹介されているのなどがその一例である。

相続制の問題の一つとして見た場合、相続形態の一つとしての末子相続に照応していて、この太伯世家は説話ではなく、考証することは殆ど不可能に近いが、一定の根拠をもつ歴史的事実を伝承している史料ではないかと考えるのが妥当ではないかと考える。

そこでこの世家の記録から、如何なることが考えられるかと言えば、末子相続というふうな相続形態、制度が完全にすたれてしまって、そうしたことが行われていた歴史的事実すら忘れられてしまっているなかで、兄の太伯や仲雍が次々と家を出て末子の季歴が相続したという事実だけが伝えられていたために、聖人文王の誕生とともに、その異常とみなされていた相続形態が、文王誕生の偶然を必然とみなして、〈孝〉という道徳の問題と結びつけて理念化して伝え、その伝承が元になって、半ば説話化されて、世家に集約されたのではないだろうか。

だから、説話的な要素が加味されたために、歴史的事実が背後に追いやられてしまった伝承というふうに言えるし、あるいはまた歴史的事実を背後にして、というか、根っこにして成立した説話というようにも言えるのではないかと思われるのである。

江頭氏は、呉太伯世家の譲位の問題について、上記の書の中で加藤先生の説話説に引きずられたのか、あるいは恩師に異を立てるのを憚ったのかは定かではないが、太伯世家所載の呉太伯奔呉を説話として理解されて、「長子末子共同相続説話、或は建国説話としても見る事が出来る。」と結んでおられる。建国説話の方は分かりよいが、相続の問題を説話として理解しようとされるのは、説話の理解としては、少しずれているのではないかと思う点がある。そのことはともかく、末子相続という相続形態の問題がこの太伯世家に秘められていることについては同書で次のように言及されている。

呉孟子の問題を、呉が姫姓であったか否かの点より見ると、呉太伯奔呉の説話は、説話としての性質、多くの問題や矛盾を含んでゐる。或は長子末子共同相続説話、或は建国説話としても見る事が出来る。しかし江南の呉と、中原の姫姓とは相互に何等文化の共通性もなく、又姫姓が周初南方に移動した証拠もない。従ってこれは周の同姓たる中原の虞の建国説話が、呉虞同音なる爲め、江南の呉に訛傳したものと見るべきで、江南の一酋長が「姫姓」を僭称したと見るのが妥当である。

この小結が史実として確かなのかどうかについて言えば、例えば、呉と虞とが通音であるだけでなく、金文では、字形上でも、呉を虞と書いている銘文もあるようなので、この推論が当たっているかもしれない。でもこれを通説だと言い得るだけの段階にまだ達していないと言ってもいいだろう。

「太伯世家」には、遠い過去の相続に関する史実が微かに伝えられていて、その残像が見られるのではないかということであるが、この相続制度、というより相続の形態という方が、より適切ではないか、と思うぐらい、相続の問題は、家族制度や婚姻制度のありようなどとも密接に絡んでいて、未開社会の報告なども含めて、實に多様な形態をとって行われているというのが歴史的実情のようで、それが安定した制度としてそれぞれの共同体や集団で共通の承認を得ていたかどうかによって制度や慣行の問題となっていると言い得ることなのではないかと門外からの推測をしている。

この相続の問題を、歴史的な問題、殊に古代史の中で考えるとなると、既に触れたように、家族制度や婚姻制度の問題とも密接な関連を持っていて、社会学的観点、かつ民俗学的視点なども加味して考察していかなければならぬ厄介な問題を孕んでいるようで、簡単に手に負えるようなことではないので、相続制度それ自体に関わる厳密な検証や考察については論外におく。

ところで、殷王朝の王位交代は、兄弟相続であったことは歴史的事実として了解されていることであり、また、これも既に先学によって指摘されているように、例えば、『アジア歴史事典』の魯の項目などにみられるが、伯禽の後の考公から恵公の前の孝公までは、兄弟相続が典型的な形で行われている。注2

それが、孝公・恵公以降では、長子相続が主流になっている。その間、兄弟相続が行われていると呼んでもよいような事例も見られる。長子相続と兄弟相続が混在しているといってもよいであろう。

そうした問題を念頭に入れて、春秋の最初に位置する隱公とその後を継いだ桓公との関係について考えてみると、『左傳』と「魯世家」とでは微妙な相異がみられる。

『左傳』の先經の傳では、隱公は孟子が亡くなった後室を継いだ聲子の子であり、宋の仲

子が生まれながらにして魯の夫人になる運命を負っていて魯に嫁いで、桓公を生んだとある。[注3]

一方、「世家」では、恵公の賤妾である聲子との間にできた子が隠公であり、その隠公のために妃として宋から迎えた女が見目麗しかったので、父親の恵公が奪って自分の妻として桓公を生んだとある。[注4]

いずれの伝える所が歴史の真相を語っているのかは不分明だが、息子に迎えようとした嫁を父親が奪ったという話は他にもある。

一例を挙げれば、楚の平王は、大子建（平王が公子時代に蔡滞在中に非嫡妻つまり妾に生ませた子）に迎える筈の秦の女性を費無極に唆されて奪っている。（昭公十九年[注5]）

従って、「魯世家」所載の話は、それなりの根拠があって記録されている伝承すなわち記述であると言えるだけでなく、『左傳』の「故に仲子我に歸ぎ、桓公を生みて恵公薨ず」という表現も曖昧である。つまり、「我に」という言い方には何か事実を伝えるには憚られるようなこと、つまり「世家」が伝えているような事実が隠されていることを憚って、『左傳』は、恵公とも隠公とも受け取られるように、魯に嫁いできた事実だけを包括的に表現して「我に」と表現したのではないかと考えてみたくなるのである。[注6]　そして、「桓公を生みて恵公薨ず」というのも、桓公が恵公の子であると断定できないような表現だと言えよう。

また、この仲子については、隠公元年の「秋、七月、天王使宰咺來歸恵公仲子之賵」の經文に関連して、そもそもどのような位置にある女性であるのかということについて三傳の間でも異なった解釈がなされるような問題をずっと抱えているようで、顧炎武も『日知録』（巻四）で「仲子」の条を立てて、『穀梁傳』の説が妥当である、つまり「仲子は、恵公の母、孝公の妾」であり、『左傳』が、この經文の「仲子」を「桓公の母」とすることは、「桓未だ立たずして夫人の禮を以て其の母を尊ぶ、又未だ薨ぜずして賵するは、皆人情に遠くして信ず可からず」と論断しているほどである。

ただ、顧炎武は「魯に両仲子有り、孝公の妾一仲子、恵公の妾又一仲子」と言っているように、必ずしも桓公が仲子の子であることを否定している訳ではなく、寧ろ桓公が恵公の子であることを証明しようとしているとも言えるが、仲子がどのような位置に立つ女性かという問題については、伝承に混乱があって、安定した伝承がなく、それにつれて、桓公の出自についても不透明な点が多くなっていたということだけは言い得よう。

このように仲子がどのような地位の女性であるかの問題にしろ、桓公の出自の問題にしろ、上で述べた通りに複雑で不明確なことが多くあるので、先程の宋の公女の問題に戻ると、宋から嫁いできた女性が本来通り隠公の妃となっていたならば、隠公以後の魯に於ける公位継承の問題は別の展開をしていたと考えられるが、こうしたことを言いつのると、兄弟による公位争奪、弟による兄弑殺という事態も生じなかったとか、孝公以来の長子相続が桓公（隠公の子として生まれたと仮定してのことだが）に至るまで続いていたとか、歴史に仮定を持ち込むことになるので、これ以上深入りはしないが、春秋經が魯の隠公から始まらなかったのではないかということだけは少し先取りして言っておこう。

因みに、平勢隆郎氏は、『新編史記東周年表』の系譜で、「世家」の所伝に基づいて、桓公を隠公の子と認めて、恵公が隠公の婦を横取りしたことを偶発的なこと（一種の略奪婚）として正式な禮制に基づく婚姻関係として容認せず、考えてみれば、宋の女が魯に来るまで、つまり女を迎えるまでは正式な儀礼に法って婚礼が進められていたはずだから、法制上、厳密に言えば、禮制上、広く言えば制度上は、この宋の女をばあくまでも隠公の婦として位置づけてこうした系譜を作っておられるのではないかと推測したりしている。ひょっとするとうっかりした誤讀による勘違いでできた系譜なのかもしれないが。

誤讀であるかどうかはともかく、「昏禮、萬世之始也」（郊特牲）といわれ、後世でも「昏姻之禮成於親迎」（汪中『述學』）とされて、婚約中の相手の父母が亡くなった場合の対応の仕方がどうなるのかということが礼法上の問題とされているから、この問題も考えてみれば、禮の問題や法の問題を考える時に無視できないことであろう。

誰か特定できる人の子であることと制度上誰かの子として認知されることとは別であるという考え方に立てば、桓公を誰の子とするかは存外容易な問題ではないということができるかと思うのである。

事實、先述の大子の婚約者を奪った楚の平王と大子建の事例でも、平王が卒した時、位を嗣ぐ者を誰にするかということで、令尹の子常が子西（公子申、平王ノ長庶）を後継者に推して「大子壬（昭王）弱にして、其の母は適に非ざるなり。王子建實に之を聘すればなり。子西　長にして善を好む。長を立つは則ち順なり、善を建てれば則ち治る。王順にして國治まる。務めざる可けんや」と言って、平王の横奪した夫人を適夫人として認めない、従ってその子も継嗣から除外して考えようとする立場が示されている。これに対して、継嗣に目された子西自身が「是れ国を亂して君王を惡しざまにするなり（君王ノ惡ヲ章カニスル）。國に外援（秦ノコト、夫人ハ秦ノ公女）有れば、瀆す可からざるなり。王に適嗣有れば、亂す可からざるなり。親を敗れば讎を速き、嗣を亂すは不祥なり。我其の名（惡名）を受けん。吾に賄するに天下を以てするも、吾滋々從はざるなり。楚國何爲れぞ。必ず令尹を殺さん」とまで言うものだから、令尹の子常も懼れて昭王を立てている。

子西の讓國には王位を自由にしようとした令尹子常に対する王族としての激しい怒りがあってのことと考えられよう。（昭公二十六年）

因みに言えば、『左傳』は、昭公十九年で、大子建のために迎えるはずだった秦の公女を平王が奪っているにも拘らず、つまり、正式な婚礼に基づく婚姻関係ではないにも拘らず、「正月、楚夫人嬴氏至自秦」と記して、平王の夫人として遇する書き方をしている。そして、この記述の直前に「王之が爲に秦に聘し、無極迎ふるに與る」と言っているのであるから、正式には大子建のための婚礼が、一部ではあれ行われていて、その後で無極に唆されて、自ら娶っているのである。だから平王と夫人嬴氏との婚姻は礼法上不完全なものであって、この後わざわざ令尹子瑕を秦に聘せしめて、「夫人を拝して」この婚姻関係を対外的にも正当化させる必要があったのである。

當時に於ける父子相続の一般的原則としては、「昔先王之命曰、王后無適、則擇立長、年鈞以徳、徳鈞以卜、王不立愛、公卿無私、古之制也、………單・劉賛私立少、以間先王」(昭公二十六年)ということであったと言えるであろう。そして、ここでは、王・公の愛憎で継嗣を定めたり、公卿の意向がものをいうことを排除する所に最大の眼目があって、禮制の一環として相続問題を規定していたのだと指摘できるかと思われるが、規定された禮制、あるいは慣行通りことが行われない事態の出現ということが、また細かな禮制を定めることになって来たのだと言えるであろう。

一般的に言って、禮制から逸脱した事態が出現するとそれを排除するのではなく、それを包摂する方向で一層禮制が細かに定められていくというのがどうも禮制の一つの特質でもあるように考えるが、論拠を明確に示すにはまた別の考証が必要であろう。

今日でも、血を分けた實の親子と法制上の親子との問題、非嫡出子の問題などは、厄介な問題を惹起させることが屡々あって、法律上の問題に対応するために、DNA鑑定などが持ち出されたりすることがあったり、あるいはまた平等な相続が不平等を生ずるということで、民法を現実に合致させるように改正しようとする動きがあったりするように、法制というのは、現実に生起した問題にしか対応できないのは言うまでもないことある。未然を防ぐのが禮であるとは言われるものの、禮とて已然の後追いという点があるのは否めない。

直接法制上の問題にはならないであろうが、第三代アメリカ大統領のＴ・ジェファーソンが黒人奴隷の女性に子供を生ませていたかどうかという問題に際して、その血を引いているとされる子孫のＤＮＡ鑑定でジェファーソンの子孫であることがほぼ間違いないというような事例も出てくるのである。[注7]

話が少し逸脱したが、桓公が誰の子であるか、誰の子とすべきかという問題に関わって不透明な点があることを幸いにして、というか、曖昧な点がどこにあるかを明確にするために、『公羊傳』は「其の尊卑爲る也微なり。國人知る莫し。」とわざわざ言っている。

これも奇妙な言い方である。國人知る莫しであれば、少々の違禮は容認できることを言っているようにも取れ、隱公と桓公の身分上の差異は、國人が知ることが莫かったので、諸大夫が隱公を擁立したということなのだから、禮に背くことを罷り通らせようとしていることになる。そうしたことは別にしても、この公羊傳も桓公の出生に不明な点があったことを暗に仄めかしていて、不透明な傳承を背後にもっているといっても許されるだろう。

そして、「適を立つるには長を以てして賢を以てせず、子を立つるには貴を以てして長を以てせず」と相続に関する原則が述べられ、更に子と母との関係についても、「子は母を以て貴く、母は子を以て貴し」と禮制の根幹を説明しているのも、生起した事態・事例に基づいて定められたものだと思われるが、桓公の出自が微妙で、何か曖昧な点があったことを衝いた上でのことではないか、つまり、現実化した問題に対応するため、また将来の予防のために、禮制の細則が加えられる必要を感じて、傳を張ったとも言えるのである。

しかも、この公羊傳の言葉を相続の問題という視点からよく考えてみれば、言うまでもないことであろうが、相続の態様つまり相続制度という点で言えば、一元的な原則で行われていなかったこと、つまり長子相続、広く言えば父子相続が必ずしも牢固として確立していなかったこと、先程魯では孝公から恵公への相続が父子相続であって、それまでは兄弟相続が典型的に行われていたという歴史的事実に触れたが、このことと併せて考えてみると、兄弟相続の慣行が復活する可能性が潜在化していたことを示唆しているようにも思われるのである。

つまり、孝公から恵公、更に隱公への相続の過程で父子相続つまり長子相続に関わる原則を明確にせざるを得ない事情や問題が生じていたことの反映がこの公羊傳によって伝えられて来て、禮制の成文化という形をとったのではないかと考えられるのである。そして、言うまでもないことであろう、こうした所に理念の学としての春秋経と手続きの体系化の企図としての禮学との間に強い関連をみることができる。そのことを強く意識していたのが、左氏学だったと言えるかもしれないのである。

さて、『左傳』によるにしろ、「世家」によるにしろ、文獻上確認できることは、紆余曲折があったにせよ、桓公が恵公の子供であるということである。従って、桓公は隠公の弟であるから、それが弟による兄の弑殺という君位の簒奪によるものであっても、隠公から桓公への公位の繼承は、変形ではあれ、兄弟相続の一種であるといってもよいだろう。

隠公が公位についた経緯、あるいは隠公が弑された経過については、三傳が斉しく載せる所だが、といっても、君位に即くに至る経緯については、『公羊傳』のみが独り詳しく、弑殺される事実経過については、『左傳』のみ独り詳しくて、『穀梁傳』だけは經義の解釈に専ら注力しているので、事実については認識を共有しているという前提に立って傳が張られているとみてよいと思う。

隠公の譲國に関する評価については、公羊と穀梁は全く相反する立場からなされていて、両傳の思想的相異の特徴を知る一つとして取り上げられるものであるが、そのことはともかく、事実を伝えることに主眼をおく『左傳』が公位に即く経過については詳しく記さず、元年の傳で「即位を書せざるは、摂すればなり」とのみ言い、十一年の傳では、桓公を弑してはどうかとの教唆を斥けて、自分が位に即いた動機と今後の身の処し方を述べて、「其の少きが爲めの故なり。吾將に之に授けんとす。菟裘を営ま使め、吾將に老せんとす」と言って、元年の傳と呼応させ、隱公即位の事情の一端を伝えている。蛇足的に言えば、こうした傳の構成の巧みさは、『左傳』の得意とする点ではないかと思う。

これに対して、『公羊傳』は、繰り返すことになるが、「公將に國を平かにして之を桓に反さんとす。曷爲れぞ之を桓に反す。桓は幼きも貴く、隱は長なるも卑し。其の尊卑爲るや微、國人知る莫し、隱長にして又賢なれば、諸大夫隱を扳いて之を立てんとす。隱是に於て立つを辭せば、則ち未だ桓の將に必ず立つを得るを知らざるなり。且つ如し桓立たば、則ち諸大夫の幼君を相くる能はざるを恐るるなり。故に凡そ隱の立つは桓の立つが爲めなり（一読：桓ノ爲メニ立ツナリ）」と伝えている。[注8]

このように、隱公の即位というのは、普通の即位ではなかった、極めて特殊な位の即き方をしていたということができるだろう。それは『左傳』とか、『公羊傳』とかの春秋經解釈の如何に拘らず、經解釈の立場を越えて、そうした特異な即位をしていた隱公という存在が一つの歴史的事実としてあって、それが伝承されて『公羊傳』と『左傳』に記録されているということではないかと考えられるのである。

こうした特異な即位の仕方を『公羊傳』は讓國の賢君と規定したのであり、一方『左傳』は「攝した」というふうに解釈しているのではないかということである。かかる特異な即位の仕方の伝承が、問題意識の中に潜んでいて、『春秋』は魯の隱公から書き始められることになったのではないかと推論したくなるのである。

ところで、春秋が魯の隠公から始まっていることを問題にした先人の一人に、先に挙げた顧炎武がいる。これも『日知録』巻四「春秋」の条にある。

春秋不始於隱公、韓宣子聘魯、觀書於太史、見易象與魯春秋、曰、周禮盡在魯矣、吾乃今知周公之德與周之所以王也、蓋必起自伯禽之封、以洎於中世、當周之盛、朝覲會同征伐之事皆在焉、故曰、周禮而成之者、古之良史也、自隱公以下、世道衰微、史失其官、於是孔子懼而脩之、自恵公以上之文無所改焉、所謂述而不作者也、自隱公以下則孔子以己意脩之、所謂春秋也、然則恵公以上之春秋、固夫子所善而從之者也、惜乎其書之不存也、

孔子が己の意を以て修めた春秋と修める必要のなかった春秋という異なった内容を同じ概念（言葉）で説明しようとしているので、この論理を理解するには困惑する所があるが、論者なりに理解して、翻訳して言えば、春秋が魯の隠公から始まっているという事実が提示されているからこそ、春秋は魯の隠公から始まっていないということが問題にされることになるということであって、隠公以下の春秋に盛られている理念、孔子が託そうとした理念それ自体は恵公以上で現実化され実体化されている春秋に示されている理念と重なり合うものであるから、言い換えれば、孔子が依拠した理念は恵公以上の春秋なのであって、春秋は魯の隠公に始まっていないのだという論理構成になっている。

ひっくり返して言えば、春秋は魯の隠公に始まるということを捻って言っていることになるのだろうし、むしろ春秋が魯の隠公から始まることを強調していることになるのではないかと思われる。ただ、こうした思考の背後には、歴史の変化ということを思慮に入れない、理念が呈示されれば、その理念に基づかないことが生ずることへの不思議が見られるようだが、そのことはともかくも、一般化して言えば、一つの規定が別の規定を生むという思惟様式に基づく論理構成になっているということである。

このように、顧炎武は、春秋は隠公から始まらない、と主張するが、春秋が魯の隠公から始まっている理由のもう一つは、隠公の即位が特異であったことと密接に関連するのであろうが、隠公以後の相続形態がそれ以前と変わってきているということと深く関わっているのではないか、というのが卑見である。

既に先覚によって指摘されていることだが、春秋時代は、相続制の観点からいえば、兄弟相続から父子相続への移行期であった、ということである。この相続形態の移行期にあって、魯の隠公の即位のあり様が特異であったことと同時に、これは少し穿ち過ぎというか、牽強付会の譏りを免れがたいかもしれないが、隠公が父子相続と兄弟相続の両方を体現していて、父子相続が優勢になって、社会的承認を得て次第に父子相続制が確立していくということが強く意識されて、一つの時代を画する徴表として隠公を位置づけようとする企図があったのではないか。更に大胆に推測すると、兄弟相続から父子相続に移行する相続制の転換点に隠公が位置し、しかも兄弟相続が典型的に行われていた魯の人君であったことと相俟って、春秋が魯の隠公から始められているもう一つの、これこそが主要な理由ではないかと結論づけることができるのではないか。つまり、相続制の転換と春秋が魯の隠公に始まることとの間には深い繋がりあるということである。[注9]

それから、相続制の変化ということも、当然社会構造等の変化が反映したものだろうから、兄弟相続から長子相続を前提にした父子相続に移行するようになった歴史的要因の一つとしては、城邑国家から領土国家というような政治的支配領域の変化拡大ということが客観的条件として背後にあったのではないか、[注10]言ってみれば、点の支配から面の支配への移行ということが相続形態の変化をもたらしたのではないかということである。春秋が魯の隠公から始まっているのは、決して偶然とか恣意的な選択ではなく、一つの歴史的必然性というか、確たる歴史的事象を背後に有しているというのが小論の一つの到達点である。[注11]

注

（1）『史記東周年表』は、在位を七二三年～七一二年とする。

（2）参考までに『アジア歴史事典』の魯の系譜を挙げておく。なお、項目は伊藤道治氏の執筆により、諸公の在位年代は、章鴻釗『中国古暦析疑』によるとあり、そのまま付載した。

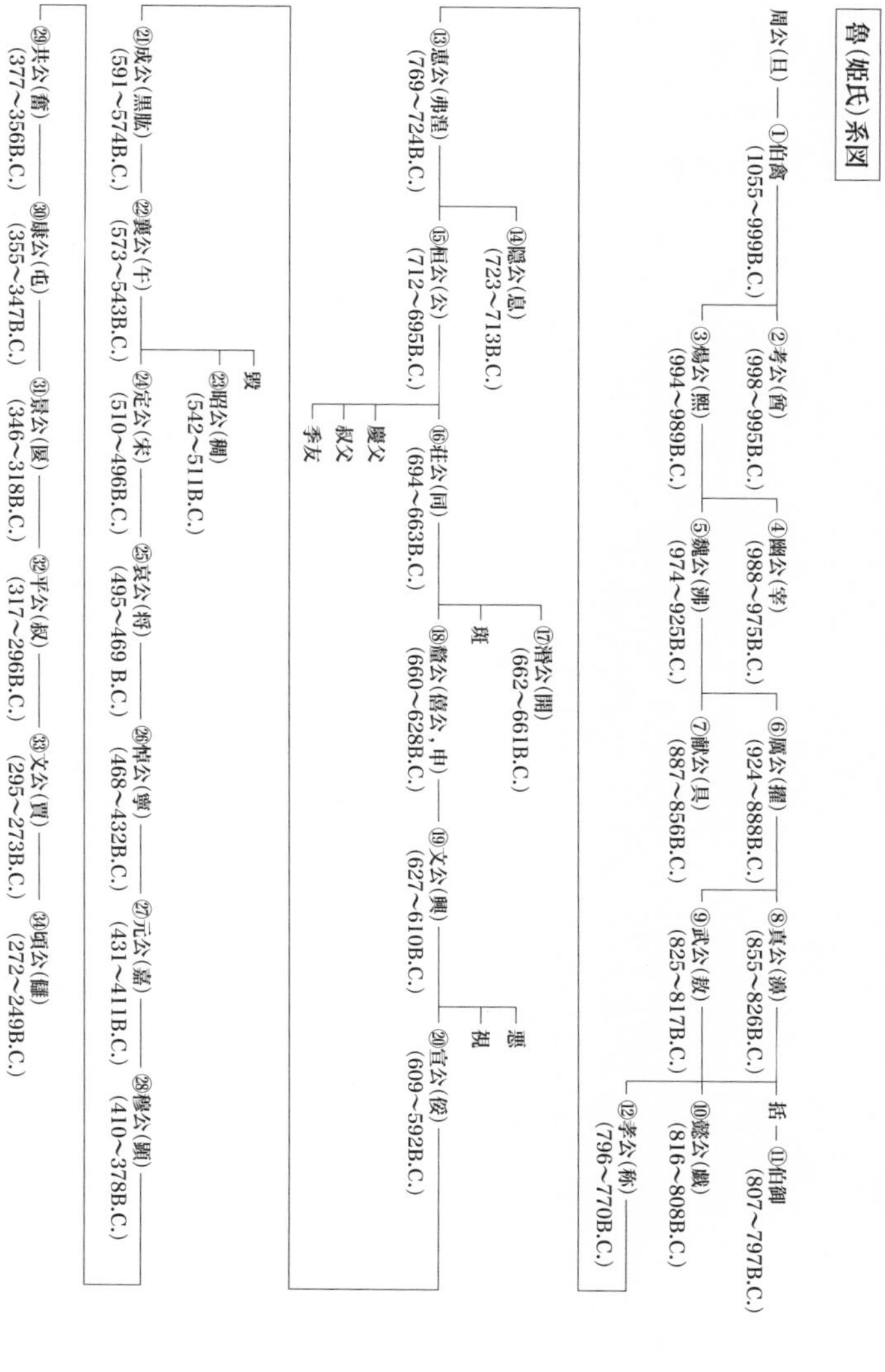
魯（姫氏）系図
周公（旦）
①伯禽 (1055~999B.C.)
②考公（酋）(998~995B.C.)
③煬公（熙）(994~989B.C.)
④幽公（宰）(988~975B.C.)
⑤魏公（沸）(974~925B.C.)
⑥厲公（擢）(924~888B.C.)
⑦献公（具）(887~856B.C.)
⑧真公（濞）(855~826B.C.)
⑨武公（敖）(825~817B.C.)
括
⑪伯御 (807~797B.C.)
⑩懿公（戯）(816~808B.C.)
⑫孝公（称）(796~770B.C.)
⑬恵公（弗湟）(769~724B.C.)
⑭隠公（息）(723~713B.C.)
⑮桓公（允）(712~695B.C.)
⑯荘公（同）(694~663B.C.)
慶父
叔父
季友
⑰湣公（開）(662~661B.C.)
斑
⑱釐公（僖公，申）(660~628B.C.)
⑲文公（興）(627~610B.C.)
悪
視
⑳宣公（俀）(609~592B.C.)
㉑成公（黒肱）(591~574B.C.)
㉒襄公（午）(573~543B.C.)
野
㉓昭公（稠）(542~511B.C.)
㉔定公（宋）(510~496B.C.)
㉕哀公（将）(495~469 B.C.)
㉖悼公（寧）(468~432B.C.)
㉗元公（嘉）(431~411B.C.)
㉘穆公（顕）(410~378B.C.)
㉙共公（奮）(377~356B.C.)
㉚康公（屯）(355~347B.C.)
㉛景公（匽）(346~318B.C.)
㉜平公（叔）(317~296B.C.)
㉝文公（賈）(295~273B.C.)
㉞頃公（讎）(272~249B.C.)

魯で兄弟相続が行われていたことについて、公羊伝荘公三十二年に「[公子]牙謂我曰、魯一生一及、君已知之矣」とあり、何休は「父死し子繼ぐを生と曰ひ、兄死し弟繼ぐを及と曰ふ。隱公は生、桓公は及、今君は生なり、慶父も亦當に及ぶべし、是れ魯國の常なるを言ふなり」と注している。

（3）孟子卒、宋武公生仲子、仲子生而有文在其手、曰爲魯夫人、故仲子歸于我、生桓公而惠公薨、是以隱公立而奉之、

（4）（惠公）四十六年、惠公卒、長庶子息攝當國、行君事、是爲隱公、初、惠公適夫人無子、公賤妾聲子生子息、息長、爲娶於宋、宋女至而好、惠公奪而自妻之、生子允、登宋女爲夫人、以允爲太子、及惠公卒、爲允少故、魯人共令息攝政、不言即位、

（5）楚子之在蔡也、郥陽封人之女奔之、生大子建、及即位、使伍奢爲之師、費無極爲少師、無寵焉、欲譖諸王曰、建可室矣、王爲之聘於秦、無極與逆、勸王取之、正月、楚夫人嬴氏至自秦、

（6）春秋経中で、魯公が他国の公女を迎える場合は、「逆女」と書くのが通例であり、「歸于我」と記す例はない。伝とはいえ、先経の伝であるが故に、経に準ずるように「仲子歸于我」と記したのかもしれない。春秋経では「伐我」の用例は二例ある。

（7）藤原正彦『国家の品格』などもこの事実に言及している。

（8）最後の一句の理解について、日原利國先生は「こういった事情なので、隱公の位についたのは桓公のためを慮ってのことであった。」と訳され（世界古典文学全集3　五経・論語）、岩本憲司氏は「要するに、隱（公）が立ったのは、桓（公）のためだったのである。」（『春秋公羊傳解

詁』）と訳されている。また、林羅山の訓点によると、「故に凡そ隠の立つこと桓が爲めに立つなり」と読んでいたようである。「故凡隱之立爲桓之立也」は、語法の点から言えば、「隠之立」と「桓之立」というのが対になっているとみるべきだから、「隠の立つは桓の立つが爲めなり」と読む方がいいのではないか、と思われる。「隠公が位に即いたのは桓公が位に即くためだったのである」ということであり、「だから隠公が位に即いていたのは何もかも桓公が位に即くため（ことに関わること）だったのである。」というふうに理解する方がいいように考える。『今注今訳』は「所以隱公立的時候、就是爲的将来桓公可以立。」と訳しているから、「故に凡そ隠の立つは桓の立つが爲めなり」と読んだことになる。

（9）例えば、『左伝』が隠公元年で、鄭の武姜と荘公・共叔段兄弟との間での継嗣問題を詳しく取り上げているのも、長子相続への移行過程期を示している事例として考えてみてよいことである。

（10）諸侯の支配領域の変化等を実証的に検証して論ずるべきことなのであろうが、その点は概括的な古代史の教科書的知識に依拠して推論した。

（11）春秋経が隠公から書き起こされていることについては、杜預以来問題にされてきた。あるいは杜預以前から問題にされてきていたことであって、そうした問題意識を承け継いで杜預は凝縮するように集解序を記したと考えるのが筋道に適っていると言えるかもしれない。
この問題についての先人の研究や考察は、一つ一つ列挙するのが、煩瑣になるほど論ぜられている。ことほど然様に隠公元年から書き起こされていることが何らかの関心と興味を抱かしめてきたのであるが、何故隠公から始まっているのかは、『春秋集義』に引く楊時の言葉「春秋の隠公に始まる、其の説紛紛として定論無し」と言う通りであろう。

そうはいうものの、この問題に対する議論や見解を大別すると、春秋の理念と精神を重視する立場と平王東遷という歴史的契機を一つの指標とする立場とに分けることができる。

前者の立場に明快に立つ歐陽修は、「春秋或問」で次のように論じている。

或問、春秋何爲（一無此字）始於隠公而終於獲麟、曰、吾不知也、問者曰、此學者之所盡心焉、不知何也、曰、春秋（一有之字）起止吾所知也、子所問者始終之義、吾不知也、吾無所用心乎此、（中略）曰、然則始終無義乎、曰、義在春秋、不在起止、春秋謹一言而信萬世者也、予厭衆説之亂春秋者也、

後者の立場に立つ議論の一つとして孫覺の『春秋經解』（巻一）の説く所を挙げておこう。

孔子作春秋也、以天下無王而作也、非爲隱公而作也、然則春秋之始於隱公者、非他、以平王之所終也、何者昔者幽王遭禍、平王東遷、平既不王、周道絶矣、

平王東遷は、周室の衰微を象徴する歴史的事件である。それは周の政治的文化的秩序形成の崩壊に繋がるものであって、ある意味では統治の理念が動揺する契機にもなった政治的事件であるから、前者と同じく理念と精神の問題を意識していると言うことも出来る。そう考えれば、両者の論点は共通の視覚によっていて、視野に収まる風景が遠近法によって描かれるか、はたまた素描に近い描き方になっているかの違いに基づいているに過ぎないと言うことなのかもしれない。

この小論は、平成十年十二月開催の阪神中国哲学談話会での報告を本にし、小林武氏の後押しもあって纏めたものである。（平成二十年十月記）

鄭の子産と晉の叔向

　春秋三傳の中で、歴史的事實を傳えた記錄として、經學としての價値よりも史的資料としてのそれを高く有すると言われる『左氏傳』には、春秋という時代を形成するにあずかった人物が數多く登場する。そうした人物の中でも、同時代に生存し活動した鄭の子産・晉の叔向・齊の晏平仲に關する記述は異彩を放っている。班固は『古今人表』を著して、古今の人物を「上上」─聖人から「下下」─愚人にいたる九段階に分けて位置づけしている。この表は上古以來漢王朝成立に至る迄の人物のランク表ではあるが、左傳に登場する人物は殆ど記載されている。班固は、齊の晏嬰・吳の季札等と並んで、鄭の子産・晉の叔向を孔門の十哲に於ける德行の顏淵・閔子騫・冉伯牛・仲弓とは同列に、爾餘の六人よりは高く評價して「上中」──仁人の項に位置づけている。[注1] 班固の位置づけはともかく、晏嬰・季札・子産・叔向は同時代に生存したのみならず、季札は他の三人に、晏嬰は叔向と、叔向は子産と直接に交渉があったことが左傳によって傳えられている。かかる關係の中で、子産と叔向、更に晏嬰は頻繁に傳に登場し、その言動と思想が語られる。とりわけ、鄭の子產に關して左傳の作者は左傳構成の一つの重要な役割を演ずる人物として登場せしめ、その思想と業績を跡づける。そして、その子產が政柄を執った小國鄭が關わる相手國としての晉の國には叔向がおり、彼も亦左傳の登場人物の中で重要な役割を擔わされる。

このように左傳の中で重要な位置を占める子產・叔向の言說を分析し、それぞれの思想を有機的に問うことを通して、併せて左傳の作者がこの二人に與えた意味をその歷史意識に照らし合わせて解明し、併せて儒教の本質に關わる諸問題を追求しようと試みたのが小論の目的である。從って、子產・叔向の人間像を描寫したり、更には個々のもっている思想を全體として體系化しようとするものではない。その故に、資料的には、先秦の諸子の中にみえる兩者に關する記事・說話は度外視され、左傳の記事に限定される。

一

鄭の子產が傳に登場するのは、襄公八年（B.C.565）、鄭の卿に立てられたのは襄公十九年である。襄公三十年には、子皮から政を授けられて執政の位につき、その後、昭公二十年（B.C.522）に卒するまでの二十餘年間、宰相として鄭の國を文字通り支えた。一方、晉の叔向は、子産よりも三年遅れて襄公十一年にその名が現われる。叔向の官職については、襄公十四年に『平公卽位、羊舌肸爲傅[注2]』と記されているだけで、その後どのような祿位に就任したかは明確な記述は殘されていない。また、子産のように亡くなった年代も記載されていない。ただ、昭公二十八年（B.C.514）に子供の楊食我が誅殺されて、『祁氏・羊舌氏を滅す』の記事があり、昭公十五年以後この年までの間に死んだことが推定されるのみである。いずれにしろ、その歿年は子産と相前後していよう。

二人の官職が示すように、子産と叔向との立つ位置は異なる。卽ち、一方は一國の宰相として、他方は太子あるいは主君の教育係としての地位にいたのである。しかも、より決定的に兩者の立場を異ならしめるものとしての客觀的條件の相異は、子産が晉楚二大國に介在し、絶えずこの兩大國から壓迫されていた國の宰相であったということと、他方の叔向がその鄭を支配下におく盟主國の側に身を置き、晉が盟主としての地位・威嚴をいかに維持しつづけるかということに腐心していた國に生きた人物であったということとである。この相異に留意することは、子産と叔向の思想を知る上で、更には左傳の作者の歴史意識あるいは左傳全體の思想、ひいては儒教の本質を考究する上での重要な要件であろうと思われる。このことのもつ意味については、あとに檢討されるであろう。

左傳の記事に初めて登場する子産は、彼の人物・思想を捉えて象徴的である。

鄭羣公子以僖公之死也、謀子駟、子駟先之、夏、四月庚辰、辟殺子孤・子煕・子侯・

子丁、孫擊・孫惡出奔衞、庚寅、鄭子國・子耳侵蔡、獲蔡司馬公子燮、鄭人皆喜、唯子產不順、曰、小國無文德而有武功、禍莫大焉。楚人來討、能勿從乎、從之、晉師必至、晉楚伐鄭、自今鄭國不四五年、弗得寧矣、子國怒之曰、爾何知、國有大命、而有正卿、童子言焉、將爲戮矣

（襄公八年）注3

この記事は、晉楚兩大國に挾まれて、絶えず脅かされている小國鄭の存立を維持しうる條件とは何か、を彼が考慮していたこと、少なくとも左傳の作者が捉えていた基本的な子產觀を凝縮した形で表現している。小國鄭が成り立ってゆく條件とは何か。それはほかでもなく、この記事にみえる如く小國であるという嚴然たる事實の認識の上にこそ成り立つと子產は考えていたのである。この事實の認識——現實の確認は、子產が後に宰相として晉楚とわたり合う時に、基本的な視點として一貫して彼の思想の中核に据えられている。注4だからこそ、大國が小國を武力を背景にして侵略すると同じ武力誇示を以て自らの國と同等か、若しくは劣弱な弱小國に向けられる父親子國たちの侵略行爲を非現實的な武力政治として否定する。彼ら正卿たちが武力に支えられる政治こそが鄭國を成り立たせる現實的な政治とみなしているが故に、子產にとって一層否定されるべきこととされる。

こうした否定は、彼が豫言者、また批評家として、ことを論評し、豫言する場合に、より如實に示めされ、その豫言・論評の基軸をなす。襄公二十八年では、小國の蔡侯を評して、「蔡侯は其れ免れざるか。日に其の此《さき》こを過ぎるや、君、子展をして延ひて東門の外

に勞らはしむるに傲れり、吾は猶ほ將に之れを更めんとすと曰へり。今還へる。享を受けて惰る。乃ち其の心なり。小國に君たりて大國に事ふるに、惰傲以て己が心と爲す。將た死するを得んか。」と論斷している。現實認識を缺落した政治のあり方は、滅亡の道をとるしかないのだとする子產の政治姿勢は、深い現狀分析に基づくものであろう。眞に未來を洞察しうる者としての豫言者たるためには、常に深く鋭い現實の認識がなければなるまい。子產の豫言は、現狀分析——現實の狀況認識、とりわけ國際間の力關係に伴う動向をみきわめることを通して行われる。

『許靈公如楚、請伐鄭、曰、師不興、孤不歸矣、八月、卒于楚、楚子曰、不伐鄭、何以求諸侯、冬、十月、楚子伐鄭、鄭人將禦之、子產曰、晉楚將平、諸侯將和、楚王是故昧於一來、不如使逞而歸、乃易成、夫小人之性、釁於勇、嗇於禍、以足其性、而求名焉者、非國家之利也、若何從之』（襄公二十六年）

この記事に見られるように、子產は現實の國際關係がどう動こうとしているのかを察知して、そうした現實の國際關係の動向などをみきわめることもできぬ、自國の好戰論者達は輕擧盲動の士であって、一時の名譽欲に驅られる者として問題にせず自らの判斷を下す。この子產のことばは、左傳に數多くみられるような豫言の部類に入るとは言えないとしても、彼が豫言者として登場する場合の一つの判斷の根據を示すものであろう。それは、他の左傳の記事に數多くみられる豫言とは本質的に異なっていよう。卽ち、人間理解と現實の合理的解釋を基礎とする判斷が子產の〈豫言〉なのである。[注5]そして、眞の合理主義とは、銳い現實認識と深い人間理解に根ざすものであると言えるならば、子產に合理的思考の萌芽がみられると評價しうるのは、單に迷信を排した[注6]というようなことに存するのではあるまい。

周知の如く、左傳の記錄には數多くの豫言が記されている。それらは易占からなされるもの、曆數から導かれるもの、更には左傳を最も思想的に特徵づけるものと思われる〈禮の思想〉から下されるものとに大別しうるであろう。子產の豫言は、如上の大別に從うならば、第三の部類に屬する。右に揭げた襄公二十八年の記事の同一延長上にある〈豫言〉として、襄公三十年の記事を考えてみよう。

六月、鄭子產如陳蒞盟、歸復命、告大夫曰、陳、亡國也、不可與也、聚禾粟、繕城郭、恃此二者、而不撫其民、其君弱植、公子侈、大子卑、政多門、以介於大國、能無亡乎、不過十年矣。

ここにみられる子產の〈豫言〉は、その根據として現實認識に伴う具體的內容を事實に即して例示しており、本質的には同じ範疇に屬するとはいえ、他の〈禮の思想〉から下される豫言とは微妙に異なる。他の〈禮の思想〉から試みられる單純な道德的基準に從って發せられた豫言ではなく、自ら陳に赴いて、その國情を知見し、それにもとづく、ある意味では實證的な判斷がその基準となっているのである。勿論、その〈豫言〉の根柢には道徳的判断が深く根ざしていることは疑いえないが、次に検討する叔向の下す豫言とは、微妙な位相の相違があることが察知されよう。

二

叔向は、子産の如き實際的政治家として登場するよりも、より評論家的・豫言者的な性格が濃厚な〝君子〟として描寫される。その役職が傅であったということに關わりあうものであろうが、叔向は道徳的な見地から種々の事象について評論し豫言する。その端的な例は、襄公十八年に楚が鄭を伐たんとして兵を起こした時の評言であろう。晉では、三人の人物がそれぞれの立場から楚が軍を發したことを評して、楚の起兵が晉に對して如何なる影響をもつかについて發言する。

師曠曰、不害、吾驟歌北風、又歌南風、南風不競、多死聲、楚必無功、
董叔曰、天道多在西北、南師不時、必無功、
叔向曰、在其君之徳也。

叔向の豫言は、師曠・董叔が「楚必無功」と明言しているのに比して、曖昧でいずれにも解釋しうるが、いずれにしろ、この叔向の基本的な論評の基準は、君の徳の善否によっ

て決するとの道徳的判斷が豫言を支える根柢をなしていることには疑義はなかろう。そして、主君の德の樹立いかんが、主君の運命ないしは國の運命を左右すると考える。

では、叔向のかかる豫言の內容は何によって規定されているのか。換言すれば、道德的基準からする豫言は、どのような理念によって內實化されているのか。それは、「會朝、禮之經也、禮、政之輿也、政、身之守也、怠禮失政、失政不立、是以亂也」[注7]という大前提によって支えられる。この大前提は誰も疑うことのできぬ〈公理〉として機能する。凡てのこの人間界に生起する事象は、この〈公理〉から判斷しうるし、また判斷されなければならぬとする。この〈公理〉を拔きにしては、何ごとも成り立たぬとする。だからこそ齊侯・衞侯が盟會に「不敬」であったという禮からの逸脱が、後に二君が弑せられる結果を生む原因になるのだと豫言する。彼は人倫を規定する〈禮の掟〉によって、そのしっぺ返しを受けると考えているのである。このことは、左傳の作者の基本的な禮意識が反映していることを意味し、その禮意識こそは歷史意識と深く結びついていることを示すものなのである。それでは、その結びつきとは儒家にとってどういう意味を有するのか。儒家、少なくとも左傳の作者にとっては、禮のもつ機能をどのように擴大させて、公理として作用せしめるかが重要な關心事なのであって、具體的な個々の事象のうち、その公理によって包含されうるものだけが歷史を形成する要素だと考えるのである。このことを更に深く考えるならば、人間の存在の根據は何によって位置づけられているのか、人間の存在のもつ意味とは、いかなるものとの關わり合いの中でその意義をもっているのかという根源的な問いが藏されていることを意味しよう。そして、そのことが儒家をして道德を政治に結合せしめざるをえない契機にもなっているのである。

叔向にとっては、人が〈禮の掟〉の中に包攝せられ、それに背反しない限りに於て、〈禮の掟〉のサイクルの中で、自らの運命も閉ざされることがないとせられる。

韓宣子に從って楚に行く叔向を、鄭の子大叔が慰勞して、「楚王汰侈已甚、子其戒之」と忠告した時（昭公五年）、叔向は「汰侈已甚、身之災也、焉能及人」と自らの運命に對する豫言者として答える。その返答の根據には、「若奉吾幣帛、愼吾威儀、守之以信、行之以禮、敬始而思終、終無不復、從而不失儀、敬而不失威、道之以訓辭、奉之以舊法、考之以先王、度之以二國」という叔向の側の條件がつく。この條件を備える限りに於ては、假令自己に危害を加える危險性をもつものがいかに「汰侈」でありえても、彼自らが〈禮の掟〉の及ぶ範圍内で擧措するのだから、その害は及ばないのだとする。かくして、「汰侈なりと雖も、吾を若何せん」という強い自己の運命に對する自負が生まれてくるのである。そこにみられるのは、〈禮の掟〉に對する全幅の信頼であり、全面的な依存である。

この叔向のことばは、孔子の「天、德を予に生ぜり、桓魋其れ予を如何せん」[注8]ということばに近似するものであることを想起する。と同時に、叔向のことばは前提がより具體的で、人倫の關係づけを通して〈禮の掟〉が自らを守護するのであって、孔子の〈天〉との關係の中で生じている自負とは異なる點に意を注がねばならぬことをも考慮させる。

左傳の作者は、かくまで〈禮の掟〉に適い、祁奚によって「猶ほ將に十世も之れを宥して以て能者を勸めんとす」[注9]とまで評價された、有德者叔向であるにも拘らず、彼の死後年を經ずしてその一族羊舌氏が滅んだことに言及することを忘れはしない。[注10]そこで說かれる記述によると、叔向は母親に不吉として反對された結婚相手を、主君平公に強引に娶らされ、それが原因で一族が滅んでしまったことになっている。ここでは、左傳の作者の叔向擁護がみられるとともに、〈禮の掟〉の中では、賢者と雖もその子孫がその恩德を受けるとは限らぬとする、堯・舜の子孫に關する說話と同じ考え方がみられよう。

叔向と子產が豫言者として立ち現われる性格の側面には微妙な搖れを生じて相異していることについて檢討してきた。その微妙な相異は、左傳の作者の人間設定、より嚴密に言えば、君子像設定による投映なのではないかと思われる。政治的な現實問題に關して叔向と子產が對比されて論じられる個所でより詳しく論じられるが、このことは、叔向が盟主國の君子であるに比して、子產が小國の、しかもその宰相として政治を現實に擔っていかなければならぬという責任ある地位にいたこと、そのことが君子像設定に投映し、その豫言の性格にも微妙に影響していたと解しえられるのである。だから、大國の、しかも高い責任をもつ地位についていない者のもつ、ある意味では傍觀者的な批評・論評が叔向の場合は數多くみられる。[注10]そして、儒家の側からみれば、少なくとも、左傳の作者の立場からみれば、叔向の側にこそ正統な君子像の位置づけが與えられているのではなかろうか。

襄公二十一年、晉の內亂で弟の羊舌虎が殺され、自らは囚えられた叔向にむかって「子罪に離る、其れ不知爲らんか」という批判がなされた。叔向は「其の死亡せんよりは若何ぞ。詩に曰はく『優なる哉游なる哉、聊か以て歲を卒ふ』とは知なり」と答える。彼のこの應答は、特に詩の引用は、應答として聊かピントはずれであり、辯解じみている。彼の答えが批判者の意を滿たすものであったか否かはどうあれ、杜預の注[注11]に卽して解釋するかぎりに於て、叔向の言には、儒家の君子論の中では重要な要素たる、仕官する者のあり方を問う素朴な進退觀をうかがわせるものがある。[注12]

子產に關する記事には、右に述べたことを想起せしめる記載はみえない。僅かに、襄公三十年に子皮から政を委ねられ、執政の位に就くことを懇請された時に、「國小にして偪られ、族大にして寵多し、爲むべからざるなり」と辭退しようとした記事がみえるが、それとても、儒家の進退論とは本質的に異る。この辭退が謙遜を示めす禮儀だとしても、この條における子產のことばと、子皮が「虎帥ゐて以て聽けば、誰か敢て子を犯さん。國小無し。小能く大に事ふれば、國乃ち寬なり」と言って、子產を說得することばとをつき合わせて考えるならば、この子產の辭退のことばは、子皮の全面的な後援を引き出すための愼重にして、かつ巧みな配慮の上でなされた言だと解するのが妥當だと思われる。また、子皮の勸誘のことばには、國家多難の時期故に子產の才智にことを託すという期待がこめられており、それに従った子産は、儒家の進退観とは必ずしも一致しない。否、後世儒家によってなされる進退観とは本質的に相容れないと考えてもよかろう。

三

子産の政治に對する姿勢、それの必然的な成果たる治績は、比較すること自體が無意味なことだと思われるほど、叔向の到底及ぶ所ではない。左傳に登場する政治家の中でも傑出した宰相である。韓席籌の「左傳分國集注」は、陸麟書のことばを援用した上で、「吾嘗求列國卿大夫如二人（管仲・子產）者、不復可得。……雖然左氏於管仲多微詞、且以其書世多有、故記載從略。而於子產事獨詳、精理名言、美不勝收、是左氏出色寫者、惟子產一人而已。……其諸葛孔明・王景略之流亞歟」と論評している。このことばを俟つまでもなく、子産の政治家として殘した業績は、內政外交の兩面にわたって瞠目すべきものであったことは、左傳の讀者の等しく認めるところであろう。

後世高く評價せられている治績を支える彼の政治理念、あるいは政治姿勢はいかなるものであったのか。彼の政治姿勢を端的に表現していることばは、その歿年病床に臥していた時に、彼の後繼者子大叔に語ってきかせた次のことばであろう。[注13]

鄭子産有疾、謂子太叔曰、我死、子必爲政、唯有德者、能以寛服民、其次莫如猛、夫火烈、民望而畏之、故鮮死焉、水懦弱、民狎而翫之、則多死焉、故寛難[注14]（昭公二十年）

この記述の後に、孔子のことばとして「政寛則民慢、慢則糾之以猛、猛則民殘、殘則施之以寛、寛以濟猛、猛以濟寛、政是以和」ということばが載せられている。この孔子の解釋は、正に儒家の政治理念の側から子産の語を薄めたものに過ぎず、孔子のことばの前に、子大叔が執政として行った政治のあり方を記述しているのは、孔子の解釋を證據立てるための具體的事實の記載にほかならない。勿論、子産の政治姿勢の正しさを銘記させるものでもあることは言うまでもあるまいが。

古來、子産は法家思想の先驅をなす者と評され、それは彼の政治思想の一つの特色をなしていると言われてきた。昭公二十年の條にみられる彼の基本的な政治姿勢の「猛」なることが、いかなる施策をその內容にもつかは分明ではないが、おそらく可成り嚴格な形の權力集中的な方策がとられ、「從政一年、輿人誦之曰、取我衣冠而褚之、取我田疇而伍之、孰殺子產、吾其與之」（襄公三十年）[注15]に暗示されるような內容をもったものであったろう。更には、昭公四年に、子産が「丘賦を作り」[注16]、國人から「其父路に死し、己蠆尾と爲り、以て國に令す。國將た之れを若何せん」と惡評を買った新しい稅制の實施などから想像されるのは、權力主義的な統治ではなかったろうかということである。そしてこの時に示される、この政治批判に對する子產の反論は、彼の政治姿勢の別の面をのぞかせていて興味深い。彼は反論する、「何の害かあらむ。苟くも社稷を利せんとならば、死生之を以ゐん。且つ吾聞く、善を爲す者は其の度を改めず、故に能く濟る有るなりと。民は逞しうすべからず、度は改むるべからず」と。更に彼は「禮義愆たずんば、何ぞ人の言を恤へん」という逸詩を引用して「吾遷さず」と政策を變更する意思のないことを言明する。晉楚二大國の脅威にさらされ、國の經濟を再建しなければならない時期に、國人の批判に耳を假す餘裕をもたぬし、また、國益にもとづく施策なのであり、しかも「禮義」に適うものであるが故に認められるべきだとする。

この子產の政治姿勢については、儒家の側に立つとみなしてよい渾罕の批判が續く。

渾罕曰、國氏其先亡乎、君子作法於涼、其敝猶貪、作法於貪、敝將若之何、……鄭先衞亡、偪而無法、政不率法、而制於心、民各有心、何上之有

杜預がここに注して「子產權時救急、渾罕譏之、正道」と評しているように、渾罕の批判こそは、儒家の側に立つ君子が常に政治を批判する時に發せられる理念の提示による現實批判（教條主義的、あるいは公式主義的批判と稱してもよい）のそれである。しかも、〈禮の掟〉からの國氏の運命に對する豫言までがなされる。

この渾罕のことばで注目せねばならぬのは、「政不率法、而制於心、民各有心、何上之有」と言っていることである。民のそれぞれの「心」に基準をとる政治の否定は、儒家の

法非公表の原則に深く關わり、政教一政を理念とすることの根據をなすものであろう。これに對して、子產が法を新しく制定したという背後には、彼が個別性を認知し、そのことを容認したことが密接に結びあっていたのではなかろうか。襄公三十一年に、子皮が尹何に邑を治めさせようとした時にかわされることばの中に「人心の同じからざるは、其の面の如し。吾豈に敢へて子の面を吾が面の如くせよと謂はんや」という個別性を認知し、しかもその個別性を容認する思想がある。この意識こそは、彼が法を新しく制定し、あるいは鼎に刑書を鑄るという法公表に踏みきらせる一つの重要な思想的根據になるものなのである。もし子產を「革新的」な政治家だったと規定するならば、彼が法を新しく制定したという事實にあるのではなく、法と人間との關係を見据えていたということに革新性があったのだとされねばならない。

但、右に擧げた子產批判に對する反論については、彼が「衆怒難犯、專欲難成、合二難以安國、危之道也」と言って、子孔の「爲書以定國、衆怒而焚之、是衆爲政也、國不亦難乎」（襄公十年）ということばに批判を加えていること、襄公三十一年には、鄭人が執政を論じた際に、然明が「鄉校を毀たば何如」と進言すると、「何爲、夫人朝夕退而游焉、以議執政之善否、其所善者、吾則行之、其所惡者、吾則改之、是吾師也、若之何毀之、我聞忠善以損怨、不聞作威以防怨、豈不遽止、然猶防川、大決所犯、傷人必多、吾不克救也、不如小決使道、不如吾聞而藥之也」と「衆」の意見を聞くことが自らの政治を正す指針になるのだと答えたこととの間には大きな隔りがあり、彼の政治姿勢の矛盾が見られる。しかも、襄公三十一年の條では、孔子のことばを引いて「以是觀之、人謂子產不仁、吾不信」と評價せしめている。この矛盾はどのように説明されるべきか。少なくとも二つのことが考えられよう。

一つは、「衆怒難犯」の「衆」と執政を論じた人々とは、卿大夫や官職を有する支配側に立つ君子であり、「逞しうすべからざる」の民は統治される民であって、子產はこの兩者を截然と區別しており、その上に立っての發言であること、[注17]いま一つは「丘賦を作る」という稅制度の改革なくしては、鄭の財政が破產に瀕するという經濟危機に伴う措置であったということが前提としてあったがための發言だったのではないかということである。

いずれにしろ、左傳の作者にとっては、たとい子產ほどの賢人であれ、儒家の政治理念から逸脱する子產の政治思想は、時には孔子の名を假りてでも軌道を修正する必要があったのではないかと思われる。現實に生起する問題を處理し、解決してゆく方策は事實として記載するが、それと對峙する儒家の政治理念は明確に指摘し、その優位性を明白にする。その理念を放棄することは、儒家にとって、とりわけ左傳にとっては、自らの構想する世界觀たる〈禮の掟〉の破產を意味することにほかならない。

如上の儒家の視點に立つ子產批判の中でも、最も峻烈な批判は、昭公六年に子產が「刑書を鑄た」ことに對する、絶交宣言をも含む叔向の激越な批判の書信であろう。

鄭人鑄刑書、叔向使詒子産書曰、始吾有虞於子、今則已矣、昔先王議事以制、不爲刑辟、懼民之有争心也、猶不可禁禦、是故閑之以義、糾之以政、行之以禮、守之以信、奉之以仁、制爲祿位、以勸其從、嚴斷刑罰、以威其淫、懼其未也、故誨之以忠、聳之以行、敎之以務、使之以和、臨之以敬、蒞之以彊、斷之以剛、猶求聖哲之上・明察之官・忠信之長・慈惠之師、民於是乎可任使也、而不生禍亂、民知有辟、則不忌於上、並有争心、以徵於書、而徼幸以成之、弗可爲矣、夏有亂政而作禹刑、商有亂政而作湯刑、周有亂政而作九刑、三辟之興、皆叔世也、今吾子相鄭國作封洫、立謗政、制參辟、鑄刑書、將以靖民、不亦難乎、詩曰、儀式刑文王之德、日靖四方、又曰、儀刑文王、萬邦作孚、如是、何辟之有、民知争端矣、將棄禮而徵於書、錐刀之末、將盡争之、亂獄滋豐、賄賂並行、終子之世、鄭其敗乎、肸聞之、國將亡、必多制、其此之謂乎[注18]

この叔向の批判は、先に擧げた渾罕の子産批判と形式的にも論理の展開も同じ様式をもっており、儒家の側によってなされる批判の最も典型的なものである。ただ、ここでは批判の根據たる理念が刻明に述べられていて、争點が明確に對峙される。しかし、この場合、理念が明確に展開されればされるほど、批判が批判たりえなくなり、觀念的な批判に終わる。子産にとっては、かかる理念が正統なるものであることは既知のことであったろう。そして、その理念達成の故にこそ〈術〉として「刑書を鑄」ねばならなかった。だから、「子の言の若し」と叔向の批判――理念を全面的に肯定しつつ、「僑不才、子孫に及ぶこと能はず。吾以て世を救はんとなり。既に命を承らずも、敢へて大恵を忘れんや」と返書する。かくて叔向の批判は、有効に機能しえなかった。では相手も肯定し是認する理念が有効性を持しえなかったのは何故か。複雑に變化してゆく鄭の現状を無視していたこと、しかも叔向がその鄭に指導權を有する大國の卿大夫であったことに理由を歸することができよう。

叔向その人の論理に卽して考えてみるならば、その理由は次のように說明しうる。現實の問題として晉が楚と競合し、盟主としての地位が衰微してゆく過程でみせる叔向の論理は、子產よりもより現實的な、しかも强壓的な發想の轉換へとすべり落ちてゆき、叔向と子產との位置の逆轉をもたらす。昭公十三年、晉が平丘に諸侯を會して同盟するに至る間に、叔向は「諸侯不可以不示威」と發言し、また、盟を尋《あたた》める際に齊人が不滿の意を表わすや「諸侯有間矣、不可以不示衆」と言う。叔向のこの發想の轉換は、政權というものが常にその體質としてもつ保守性に關わるものであり、盟主として諸侯に主導權をもつ晉の國に偶然にも生まれた叔向にとって、その盟主たるの地位が永久に把持されるべきものであるという期待が無意識のうちに前提されていたとしても、叔向の發想の轉換は看過しえない。

にも拘らず、かかる叔向の發言に關しては、子產の例にみられるような否定、あるいは批判は左傳に記載されていない。むしろ、叔向の言に支えらえて、晉は盟主としての地位を保持したかの如くに筆が運ばれる。このことは、叔向のみならず、左傳にとっても、叔向の言は發想の轉換だと意識せられていないことを示していよう。

このように「矛盾」を「矛盾」として認識せずに閑却しうるのは何故か。それは、一度確立せられた盟主としての大國の地位は、絕對的な權力として君臨し、その君臨は、他の恩恵を施されている弱小國によって崇められ、尊重さるべきだという、君臣關係の一變容たる從屬關係の固定化を期する意識にその理由が求められよう。そして、そうした意識——自らが實質的に優位に立っている場合に示す〈君子〉叔向の意識は、襄公二十七年に、楚と會盟の主導權を爭った時の「諸侯歸晉之德只、非歸其尸盟也、子務德無爭先」という發想となって現われ、より本質的な優位性を内實化させる方向で機能しうる倫理をもつのである。しかも、現實は楚の子木が「晉楚信無きこと久し。利を事とするのみ」と鋭く指摘する狀況であっても、叔向にとっては、その「利を事とする」現實をいかに德の中に——理念の中に取りこんでしまうかが最大の關心事なのであるから、その姿勢は、現實の捉え方としてよりも、判斷者の心構えの問題に解消してしまう。それ故に客觀的條件が自己の理念を越えて變化する場合には、變化する側にその責任が歸せられ、何ら矛盾を痛知することなく豹變しうるのであり、片側では子產批判の論理は生きつづけ、權威は形骸化されながらも維持されてゆくことになるのである。この君子のあり方こそ、儒教のもつ決定的な弱點であると同時に、この君子にみえる缺落こそは、支配の論理として機能する要素となり、他の思想に優越しえたのである。この支配の論理がその有効性を失する時、對應の方向を見失う。晏平仲と叔向がこもごもその國情を開陳し合った昭公三年の條で、晏子に〝晉の季世をどのようにすべきか〟と問われる時、叔向は的はずれにも「肸又無子、公室無度、幸而得死、豈其獲祀」と自らの一族の運命に想いを致すばかりなのである。

四

叔向が子產に加えた如き批判の様式は、內容的に有効性をもちえず、その論理性は否定され、觀念論として〈壯大な零〉に歸してしまうのであろうか。左傳の中で、舊來の理念を論理的に再檢討し、それを武器として現實を批判し、現実を「變革」しえた人物こそ正に子產なのである。彼は、とりわけ外交問題に關してその論理を縱横に驅使する。外交問題解決のために驅使される論理の展開は、襄公二十二、二十四、二十五、三十一年、昭公十三、十六、十九年の諸所にみられる。ここでは、叔向のあり方をも檢討しうるという點から、少し長くなるが、襄公三十一年のを引用しよう。

子産相鄭伯以如晉、晉侯以我喪故、未之見也、子産使盡壞其館之垣而納車馬焉、士文伯讓之曰、……寡君使匄請命、對曰、……僑聞、文公之爲盟主也、宮室卑庳、無觀臺榭、以崇大諸侯之館、館如公寢、庫廏繕脩、司空以時平易道路、圬人以時塓館宮室、諸侯賓至、甸設庭燎、僕人巡宮、車馬有所、賓從有代、巾車脂轄、隸人牧圉、各瞻其事、百官之屬、各展其物、公不留賓、而亦無廢事、憂樂同之、事則巡之、教其不知、而恤其不足、賓至如歸、無寧菑患、不畏冦盜、亦不患燥濕、今銅鞮之宮數里、而諸侯舍於隸人、門不容車、而不可踰越、盜賊公行、而夭厲不戒、賓見無時、命不可知、若又勿壞、是無所藏幣、以重罪也。敢請執事將何以命之、雖君之有魯喪、亦敝邑之憂也。……文伯復命、趙文子曰、信、我實不德、而以隸人之垣、以贏諸侯、是吾罪也、使士文伯謝不敏焉、……乃築諸侯之館、叔向曰、辭之不可以已也如是夫、子産有辭、諸侯賴之、若之何其釋辭也……

この朝貢における子産の振舞いは、ある意味で極めて大膽不敵であり、挑戰的でもある。盟主の國に參覲して、迎賓館の垣を破壞して車馬を納れるという擧措の裏には、單に子産のことばにみられる事實にもとづくことだけではなく、時を定めぬ大國の無法に對する憤懣が渦まいていたことからくる氣持の昂ぶりがあったろう。彼は冷靜にことを判斷する能力に恵まれた政治家[注19]であったから、この憤りの爆發にも冷靜な計算がなされていたろう。

　鄭が罪を重ねずにすむためにどうあるべきなのか、それは文公の盟主時代の理念に回歸することにあるとする。文公が指導權を把持していた時代に事の是否の判斷の基準をとり、それを尺度にして晉の現實の盟主としてのあり方を問う。その様式は、先に擧げた叔向の子産批判と、現實問題の現われ方が兩者に於て異なる點はあるにしろ、論理の展開の方向としては内容的に同一のものを含んでいよう。それにも拘らず、一方は觀念的な論理の展開に堕さざるを得なかった、少なくとも説得力を持ちえなかったのに、他方は有効性を維持しえたのは何に基因するのだろうか。それは晉が盟主國として君臨する責任を自ら背負い込んでいたからに外ならぬ。大國には大國としてのあり方があると子産は考える。[注20]晉もそのことを是認し、眞の大國たらんと志向するが故に――文公の時代を理想としそれを模範にしようとするが故に子産の批判はその有効性をもつ。このことを歴史學的にみるなら、次のように言えよう。周王朝の權威の崩壊過程の中で、新しい秩序が確立されるまでの間、つまり晉が周王朝の權威に代わる新しい權威をもつ盟主として登場し、しかも新しい權威は周王朝のそれのヴァリエイションとしての新しさしかもたず、舊來の理念が完全に崩壊し破産宣告を受けるまでの間、晉は舊來の理念の遺産を食いつぶす形で盟主として君臨していたが故に、晉に對する子産の批判が有効性をもちえたのである。もしも晉の文公が盟主たりえたとされる理念が破産しておれば、子産のことばは有効な論理として機能しえなかったと思われる。われわれはその典型として中國古代思想史に占める孟子を想起すれば充分であろう（このことは否定的な意味、思想の營みとして、非生産的であるという意味ではない）。

舊來からの理念として繼承されてきた歴史的遺産としての諸制度が、歴史の轉換期に崩壞してゆく過程が春秋時代であり、より細敍すれば、子産と叔向の生きた時代であるとするならば、晉は盟主國としてその國家存立の基盤を舊來の秩序の維持補强に置こうとしたが故に、その舊來の理念的な諸制度を子産が說くことによって、その論理に有効性を附與しえたのである。これに對して、叔向の子産批判が有効性をもちえなかったのは、子産が舊來の諸制度を復活するという形では、現實の諸問題の解決、ひいては叔向にとっても子産にとっても理念とする政治が實現しえないことを知り、舊來の政治姿勢に訣別していたからに外ならない。そしてまた、叔向が現實の變化に直面して吐露せざるをえなかった「諸侯不可以不示威」、「諸侯有間矣、不可以不示衆」のことばこそは、理念の崩壞、舊來の價値觀に支えられていた體制崩壞の崩芽を象徵的に表現することばに外ならなかったのである。

舊來の理念を尺度にしながら自らの論理を建て直し、現實を論理の中に取り込んでゆく、換言すれば、理念から逸脱した現實を理念の枠内に押しこめようとしたのが子産の發想ではないか、少なくとも、外交問題に關わる論理の方向は、そうした傾向をもつ。その點では、叔向の場合と殆ど一致する。その故に、子産は儒家にとっても高く評價されるべき必然性をもった思想家でもあったのである。

ただ、子産の右に述べた論理の再構築が、次のような發想を伴う場合、事實をからめとってゆく過程で別の視野を切り開き、新しい視點から變化する事象に對應する。襄公二十五年、陳を伐った戰功を晉に報告し、晉人から「何故にか小を侵す」と詰問されるや、子産は「先王の命、唯罪の在る所は、各〻其の辟を致す。且つ、昔天子の地は一圻、列國は一同、是より以て衰あり。今や大國多きは數圻なり。若し小を侵すこと無くんば、何を以てか焉に至らん」と反論する。彼は天子をも凌ぐ數圻の大國が存在することを否定はしない。それは現實認識の出發であり、「小國無文德而有武功、禍莫大焉」を裏返しにした現實の承認である。しかし、自國が〝正當に〟陳を伐ったことへの難詰のみは一方的に押しつけてくる大國は、どのようにして大國たりえたのかと大國のあり方を問う。こうした相手の現實を逆手にとる論理形式は、『韓非子』内儲説上・七術に「有相與訟者、子産離之、而無使得通辭、倒其言以告而知之」と傳えられる裁判方法と決して無縁ではあるまい。彼がかかる裁判方法を案出することを通して、彼のみせる論理が構築されたのか否かは知るすべをもたぬが、少なくともそうした新しい裁判制度の確立が彼の論理をより徹底して現實を分析せしめる力になりえたろうことは推測しえよう。そうした子産の論理を叔向は「辭の已むべからざるや是くの如きかな」と、雄辯という個人の能力の問題に矮小化して讃嘆することしかできぬ。しかも、叔向が批判されている當事國の要職に官祿をもつものであることを考えるならば、「思ふこと位を越え」えなかったということを考慮に入れたとしても、そのあり方は問われねばなるまい。かかる意味に於ても叔向の子產批判はその有効性を發揮することができなかったのである。

結び

先に孟子の中國古代政治思想史に於ける位置について僅かに言及した。この問題は更に詳しい檢討が必要であるが、叔向の思想が、孟子の思想と違った意味で、同じく變轉する現實に對しては有効な論理として機能しえなかったこと、そのことが、春秋時代と戰國時代とを比較的な意味において分け隔てている一つの思想史的な特徵であったのではないかと思われる。そして子產は正にこの二つの時代を畫する過渡期に生きたが故に、その才智見識と相俟って名宰相たりえたのである。そして、左傳は上に述べた子產の論理展開、更には彼の治績について、その世界觀の容認しうる範圍內に圍いこもうとし、その擔い手の一人として叔向が役割を附與され、儒教擁護者として叔向はその〝君子性〟を示さねばならなかったと言えるであろう。

注

(1)顧陳高の『春秋大事表』の「人物表」は此の班固の「古今人表」を『猥雜已甚』として、「賢聖」以下「方伎」に至る十三段階に分類し、子產を「純臣」とし、叔向を「文學」の部類に入れる。また、孔門の弟子の左傳に見える者は、「賢聖」に入れなおしている。

(2)『國語』晉語七では、「羊舌肸習于春秋、乃召叔向、使傅太子彪」と記されている。

(3)『韓非子』外儲說左下には、この記事に類する記述が可成り違った形でみえる。

(4)襄公二十二、二十八、三十一年の記事はその例證となる。

(5)昭公四年、楚子が子產に「諸侯其來乎」と問う時に示す豫想は現實の合理的解釋が土台にあろう。

(6)昭公元年に、晉侯の病氣を、飮食と女色との過度に因するという記事。あるいは昭公十七～十八年にかけての火災の豫言に對し示した拒否反應。

(7)昭公二十五年、子產のことばとして、子大叔が「夫禮、天之經也、地之義也、民之行也……」と引用しているが、叔向のことばとはやや趣きを異にしている。

(8)『論語』述而篇

(9)襄公二十一年

(10)昭公二十八年

(11)杜預は「言君子優遊於衰世、所以辟害卒其壽、是知也」と注している。

(12)進退論については、「伯夷・叔齊について」(「待兼山論叢」第2號所收)の中で私見を述べている。

(13)子產のことばを終えるに當って、彼の基本的な姿勢を概括的に記載しており、その象徵的な登場のし方とみごとに照應していよう。

(14)『韓非子』內儲說上・七術に、ほぼこれと同じ記事が載せられている。勿論、孔子のことばはみえない。

(15)『呂氏春秋』樂成にも同じ記述がみられる。

(16)『左傳分國集註』は「呂氏春秋左氏傳說、鄭小國也、中立乎晉楚强國之間、從晉不從楚、從楚不從晉、不過但供一邊貢賦而已、則小國尚可支持。至楚靈王方無道、晉平公衰弱、又不能與之校、鄭以蕞爾之小國、事兩霸王、朝廷貢賦、與平時所貢之物已添一倍、所以子產不得已作丘賦」と說明している。

(17)昭公七年、伯有の亡靈を鎭めるに當って、「從政有所反之以取媚也」と言っている場合も、「媚を取った」のは士大夫階級に對してのものであろう。

(18)此の部分に關する孔頴達の正義は、儒家の法意識をみる上での重要な手がかりをもち、『左傳』の正義の中でも思索的な一つである。

(19)襄公三十年、伯有の亂における彼の言動を參照されたい。

(20)昭公十一年の子產のことばに「蔡小而不順、楚大而不德……」とあることにもとづく。

呉の季札—その譲國をめぐる諸問題—

呉の季札に關する事蹟は、春秋三傳、『呂氏春秋』恃君覽知分篇、『禮記』檀弓下篇、『史記』呉太白世家、『說苑』、更には『呉越春秋』の諸文獻に傳えられている。これらの諸文獻中でも、季札に關する記録として最も中心的な位置を占め、且つ基礎的な資料たりうるものは、『左傳』と『公羊傳』の兩傳である。呉太白世家所載の季札に關わる事蹟は、上記の二傳を綜合的に組み立てたものと思われるが故に、二傳よりもその傳える記録は詳密であり、系統的である。從って、この小論では『左傳』・『公羊傳』・『史記』の記録に依據して論を展開したいと思う。

これらの文獻上の資料を通觀して知りうる季札の事蹟の中心をなしている事柄を分析してみると、三本の柱が立てられ、それぞれが季札の問題に深く關わるものであって、相互補完的なものと言える。

季札の事蹟の根幹をなす三つの事蹟とは何か。先ず彼の事蹟として最も著名なものは、周知の如くその讓國の行爲である。この讓國の經緯は、『公羊傳』『左傳』に詳しくふれられ、「賢者」の一つの生き方の典型として、後世の論者の批評の對象になる重要な〈事實〉である。第二番目に擧げるべき〈事實〉は、季札が吳の使者として「上國」に使し、蠻夷の吳を中國と接せしめる上で重要な役割を演じ、魯の國では、諸國の樂を批評し、且つ「上國」の士大夫並びに諸國の運命を豫見・豫想するという豫言者的な性格を以て、評論家的知識人の相貌を呈しているということである。この問題に關しては、『左傳』と『史記』、更には『說苑』に記錄されているが、『公羊傳』にはみえない。

第三番目に彼の事蹟として有名なのは、吳太白世家にのみ傳えられている信義を尊んで、死者となった徐君に劍を與えたというエピソードである。注1

この三つの〈事實〉に卽しながら、讓國の問題を中心に据えて、吳の季札をめぐる諸問題について論究を加えてみたい。

一

先にもふれた如く、季札をめぐる問題に關して、最も重要な問題を提起しているのは、彼の讓國の行爲である。この讓國の行爲については、春秋三傳はもとよりのこと、太史公もまた各々の立場から問題を投げかけ、解釋し、評價している。

季札の讓國の行爲に對する評價の問題に檢討を加える前に、季札の讓國に至る過程について、それがどのような經過をたどって成立しているのかという視點から考察してみたい。『左傳』・『公羊傳』・『史記』の記載には微妙ではあるが相異があり、しかもその相異は無視しえない重要な問題を含んでいるからである。

先ず、『公羊傳』の記事から點檢してみよう。

其讓國奈何。謁也餘祭也夷昧也與季子同母者四。季子弱而才、兄弟皆愛之、同欲立之以爲君。謁曰、今若是迮而與季子國、季子猶不受也。請無與子而與弟、弟兄迭爲君、而致國乎季子。皆曰、諾。故諸爲君者、皆輕死爲勇、飲食必祝曰、天苟有吳國、尙速有悔於予身。故謁也死、餘祭也立。餘祭也死、夷昧也立。夷昧也死、則國宜之季子者也。季子使而亡焉。僚者、長庶也、卽之。季子使而反、至而君之爾。（襄公廿九年）

右の記録によると、季札の讓國は、表側から言えば、季札が王位に卽くべき運命を擔うに至ったのは、直接的には彼の才德にもとづくものであろうが、客觀的には、三人の兄達が季札の才德を認め、吳國の命運は季札に託されることによってのみ開けるのだという兄達の大局的な見地に立っての、自發的な意向に由っていると言える。更に言えば、兄達の行爲は痛烈なまでの自己否定の上に成立しているのであって、「謙讓の美德」というが如きなまやさしい行爲ではあるまい。かかる意味からこの過程を考えてみるに、季札の兄達三人の作爲——意志的行爲の方こそが、むしろ評價されてしかるべき内容を含んでいる。

そして、その延長線上に季札の讓國が結果しているとみるべきであろう。少なくとも『公羊傳』等の讓國の行爲を正の德目として肯定する立場に於ては、そのように解釋するのが妥當に思われる。

『公羊傳』の王位繼承の過程に對して『史記』呉太白世家では、「季札賢、而壽夢欲立之、季札讓不可。於是乃立長子諸樊」と記録される。これによると、先ず先王壽夢が賢なる季札に王位を繼承せしめようとして、季札がこれを拒否し、その後壽夢の意を承けて、兄達が順次位に卽いて季札に及ぼし、その結果季札の讓國が成立しているのである。つまり、『公羊傳』の場合、季札への王位傳達が兄達の意志にもとづいて結果したものであるのに對し、『史記』では先王の命が重要な契機になっているのである。『公羊傳』に於ける孝概念の缺落を補っているのである。否、太史公は孝概念を導入しているのである。このパターンは、伯夷叔齊の讓國と本質的に同一のものである。兄達の側から見れば、『史記』の場合に於ても、先王の遺命を實行した王位繼承の途中經過は、當然『公羊傳』の場合と同じく評價すべき內容をもつが、他律的な面では自律的な『公羊傳』の兄達の姿勢とは僅かではあれ、道德的見地からみれば、一歩を讓るものがあるとみてよかろう。[注2] 少なくともその內容上の差違は考慮さるべきことである。因みに言えば、この途中經過について、『說苑』至公篇は『公羊傳』の系列に屬し、『呉越春秋』呉王壽夢傳は兩者を綜合し、次に述べることとも關わるが、季札の讓國の行爲の根據を「先王の制」を破るべきではないと語らしめて、[注3]季札の讓國が客觀的原理に根ざすものであることを強調しているように思われる。

次に『左傳』では、その經過はどのようになっているのかを檢討してみよう。『左傳』で季札が初めて登場するのは襄公十四年である。そして、そこでは「吳子諸樊旣除喪、將立季札」と記述されるのみで、季札がなぜ國を讓られるべき對象になっているのかに關しては說明が加えられない。あたかも自明の如くに季札が王位繼承權をもつ運命を背負うものとして記事は展開される。『左傳』では『公羊傳』等のようになぜ季札が王位繼承の位置に立ったのかは明確に記錄されていない。[注4]

以上、季札が王位繼承の位置に立つに至った過程について、諸傳の記錄に微妙な相異があることとそのもつ問題點とについて若干ふれた。

次に季札が讓國の行爲をとるに至った根據になったもの、換言すれば、なにゆえ季札は王位繼承權を放棄したのかという行爲者の側の主體的條件が問われよう。この問題についても前の問題と同樣に、『公羊傳』と『左傳』との間には可成りの距離がある。先ず『公羊傳』の季札の主體的條件——季札の行爲の原理に考察の光をあててみよう。

吳王闔廬（光）が吳王僚から王位を簒奪した時に、季札は「爾弑吾君、吾受爾國、是吾與爾爲簒也。爾殺吾兄、吾又殺爾、是父子兄弟相殺、終身無已也」（襄公廿九年）と語って、卽位と復讐とを拒否する。彼のこの拒否のことばからも理解されるように、季札の讓國の根據は、自らの王位繼承に伴って必然的に招來する簒弑者闔廬の共犯者になることへの拒否、及び父子兄弟骨肉間に於ける復讐の反復の終焉という二つの原理である。更にいま一つ言えば、共犯者になることの拒否に伴うこととして、自ら卽位することによって、自らの生命を危險にさらすことへの危懼を彼の拒否の理由に讀みとることも決して憶測の誇大ではあるまい。[注5] なぜならば、政治的支配者の地位に立つことの拒否こそが、本質的な意味に於て季札のあり方の根源と、並びに季札のあり方が問題として取り上げられることの意味とを象徵していると言ってよいからである。このことは後述する『左傳』の季札をめぐる問題を考察する上で詳しく論じてみたいと思う。

季札辭曰、曹宣公之卒也、諸侯與曹人不義曹君、將立子臧。子臧去之、遂弗爲也。以成曹君。君子曰、能守節。君、義嗣也。誰敢奸君。有國非吾節也。札雖不才、願附於子臧、以無失節。（襄公十四年）

右の引用は、『左傳』の傳える季札の讓國の原理を示すものである。この引用にみられるように、『公羊傳』の季札ほど內容的に明確な主體的原理はない。曹の子臧の行爲の後繼者としての地位に立つことをその主觀的な願望とし、「節を失すること無き」ことをその行爲の指標とする。そして、客觀的には「君は義嗣なり」という事實を自らの行爲を規制する與件とする。かかる意味からみるに、思想的、あるいは硬い原理に依據している『公羊傳』の季札に比べて、『左傳』の季札は柔軟な個別性に力點をおく原理に自らの行爲の規範をとっている傾向をもっているとも言えよう。昭公廿七年では「苟も先君、祀を廢することと無く、民人、主を廢すること無く、社稷、奉ずること有り、國家、傾くこと無くんば、乃ち吾が君なり。吾、誰をか敢て怨みん。死を哀しみ生に事へて、以て天命を待つ。我亂を生ずるに非ず。立つ者に之に從ふ。先人の道なり」と語り、所與の運命に隨順すること、しかも「先人の道」を踏襲することこそが自らのあり方を支える根柢になるというのである。更に襄公廿九年の諸侯の大夫達に與えていることばとつき合わせてみるに、季札の行爲自體には保身的な傾向が濃厚にあったと考えられるのである。このことは彼の讓國とも深い關連をもち、『公羊傳』の季札とその點では一致する。

二

前段で季札の讓國の行爲が、『公羊傳』『左傳』『史記』等の記載に於て各々異なった要因の上に成立し、かつまた彼の讓國の行爲そのものが何に依據して出てきたものであるかについて檢討した。

次に季札の讓國の行爲が春秋三傳の側からみて、どのように評價されているかを考察し、更にそれらの評價のもつ意味について若干の論究を加えてみたい。

最も明確かつ明解に季札の譲國の行爲を、またそれを通して季札のあり方を評價しているのは『公羊傳』である。『公羊傳』は、彼の譲國を〈賢〉なる行爲として評價する。より嚴密に言えば、季札という人物全體に對する總體的評價が〈賢〉なのであって、その譲國の行爲がかかる評價を與える最大の要因としてあるということなのである。そして、その〈賢〉なる行爲の內容的評價は、「君子は其の受けざるを以て義と爲し、その殺さざるを以て仁と爲す」ということであって、季札は〈義〉と〈仁〉との德を譲國という主體的行爲によって實踐したものと認定されているのである。この評價——君子の評價は、吳の季札に對する傳統的な評價を繼承し、それに依據したものであろう。そこでなにゆえ譲國の行爲を價値的に高い位置においているのかということが問題になる。この疑問を明かす前に、季札の譲國が成立するまでに至る途中經過を論じた個處でふれた兄達の行爲のもつ問題に對する評價について言及したい。なぜならば、三人の兄達は事實として君位に卽いてはいるが、自らの譲國の意志をある意味では陰蔽しながら、才德を備えた季札に國を譲る努力をしているからである。この彼らの行爲は旣述したように痛ましいまでの自己否定であり、自己滅却である。隱公元年の條で、隱公の譲位を顯彰して「公將に國を平かにして之を桓に反さんとす」と言って、一定の評價を隱公に與えている點からみても、兄達の行爲は稱揚されてしかるべきである。にも拘らず、『公羊傳』はこの行爲については何らの論評も加えない。[注6] むしろ季札の賢を稱揚するための引立て役の感すらあり、刺身のつま的存在に過ぎない。このことはより一層季札の讓國の行爲を『公羊傳』が高く評價していることを意味しよう。

「讓國を徳の第一におくのは、欲望の否定を高く評價するからではないか。[注7]」と解釋される。後世の論者達――唐の獨孤及がその嚆矢と考えられるが[注8]――によって、季札の讓國は吳國に混亂を生ぜしめ、滅亡せしめた犯罪的行爲であるとし、國家的秩序を尊重する、換言すれば、政治的世界に力點をおく側からの批判を通して考えてみるに、讓國を〈賢〉なる行爲とする背後には、欲望の否定を媒介にする場合には、個人の行爲そのもの――個人の行爲の絶對的原理を、國家的安寧・公的秩序の問題、あるいは政治的理念からの要請に嚴然として優先させる考え方があるのではないか。このように〈公〉概念よりも〈私〉概念が優位に立つということは、個々人のあり方こそが對等の關係をもって政治的理念に關わりうるということを意味し、かつまた個々人のあり方――〈私〉概念こそが政治的理念――〈公〉概念を根柢的に支える根據になるのだという認識を隱しているのではなかろうか。だからこそ、「欲望の否定」というより大きな作爲が重要な徳目としての意味を附與されるのであろう。このように考えない限り、『公羊傳』がなにゆえ季札の讓國のみを高く評價し、兄達の「讓國」を無視したのかの疑問は解けまい。この疑問に苦しむ時、孝概念の導入によって季札讓國の意味が矮小化される。

宋の胡安國は、〈公〉概念を支軸にして季札の讓國を否認する。そこでは〈私〉概念を根柢的に認めない、と言い切るのが言い過ぎであるとするならば、〈私〉概念を〈公〉概念の下位におくことしか考慮されないのである。少なくとも〈私〉概念を〈公〉概念と同一の地平で捉える視點を缺落せしめているのであるとは言える。

以上は『公羊傳』に於ける季札讓國の評價とそれに對する批判についての考察であるが、『左傳』では季札の讓國がどのような評價を受けているのかについて検討してみたい。『左傳』には、『公羊傳』のように明解な季札讓國の評價のことばはみえない。また、否定的評價の辭もない。しかし、表面的にみるだけでもその讓國の行爲に正の評價を與えている、少なくとも好意的にその行爲を解釋しているとみるのは決して附會ではあるまい。季札に關する『左傳』の記載を内容上からみてゆくと、つまり、文字によって記録された内側を深く讀むならば、換言すれば、『左傳』の編者の構成態度を問題にするならば、『左傳』もまた積極的に季札の讓國を評價していると言えるのである。なぜそのように言えるのか。

『左傳』の季札の讓國評價は、季札が襄公廿九年に魯に來聘し、「觀樂」した〈事實〉と深く關わっているように思われるのである。彼は自ら魯國で聞いた各國の樂について「的確に」批評し、その樂の本質を見抜く。そしてまた、彼は諸国――齊・鄭・衞・晉という文化的に一段高い國々へ聘し、各國の賢者と會見して、素早く各々の人物の行爲の行手を指さすと共に忠告を與えている。太史公のことばを假りるならば、季札は「微を見て清濁を知る」人物なのであって、各々の人物の「本質」を洞察する。

朱子は、右の襄公廿九年の季札の一連の「觀樂」の條について、「此是左氏粧點出來、亦自難信。如聞齊樂、而曰國未可量然。再傳而爲田氏、烏在其爲未可量也。此處皆是難信處」（『朱子語類』巻八十三）と言って全く信用していない。朱子の言うようにこの季札の「觀樂」が事實として歴史的に存在しなかったことなのか否かについては知る由もない。しかし、なにゆえ季札に關する事蹟としてこの「觀樂」並びに人物評を『左傳』が挿入したのか、しかも『左傳』では、季札に關しては讓國の行爲よりもこの「觀樂」と彼の人物評の方に重點がおかれ、物を見拔く力をもつが故に賢人として評價しているその事蹟を『左傳』がなにゆえ採用し挿入しているのかということについてこそ、『左傳』の性格を考える上でも深く考慮が拂われるべきであろう。否、このエピソードの挿入にこそ『左傳』の編者の思想的意圖をみてとるべきなのである。そして、この思想的意圖こそが、正に季札讓國の評價にほかならないのである。とすれば、『左傳』の季札評價は內容として何をもつのか。結論的に言えば、季札はものがみえていた、樂がきこえた賢人であったとするのが『左傳』の季札評價である。對象の本質を見拔ける人間とは、どのような人間でなければならないのか。どのような狀況におかれた時、ものごとの本質がみえてくるのか。そして、季札にとってなにゆえ可能であったのか。單に彼が賢者であったからだということだけでは決してあるまい。季札がものがみえた賢人であったのは、讓國という行爲が背後にあったからなのである。人の所欲たる富貴を超絶し、否定する地平に立つことによって、ものの本質がみえてくると『左傳』の編者は考えていたのではなかろうか。中國人の根柢にある〝したたかなニヒリズム〟ということにどこか深い所で關わっているように思われるが、今後の課題として考えてみたい。

『左傳』に季札がはじめて登場するのは、既に指摘した如く襄公十四年である。史實の如何を問わず、そこで既に季札の讓國が語られている。魯國への來聘に關する記事は襄公廿九年である。さすれば、襄公十四年の季札讓國のことは、廿九年の「觀樂」を語る意味でも記述される必要性があったのだし、更に、ものがみえた者にとって、王位の繼承が問題外であることが、襄公卅一年で屈孤庸のことばを假りることによって、確認の意味をもって今一度ふれられねばならなかったのである。屈孤庸は言う、「(延州來季子)不立。是二王之命也。非啓季子。若天所啓、其在今嗣君乎。其德而度。德不失民、度不失事。民親而事有序、其天所啓也。有吳國者、必此君子之子孫實終之。季子、守節者也。雖有國、不立」と。そして更に、昭公廿七年では、「死を哀しんで生に事へ、以て天命を待つ」思想的態度を持するまでの心境に季札はたち至っているのである。こうした思想的態度への到達は、今まで分析した季札の思想傾向からすれば必然の趨勢であったろう。『左傳』の編者にとって、運命を語る季札はその最後的人間像であったろうと思われる。

一體に、運命を語る者は積極的に榮譽榮達に關わりはしない。榮譽榮達との關わりを斷たれた時、運命論が語られるのが常である。勿論、季札は榮譽榮達を斷たれたのではない。自ら斷ったと言ってよい。自ら斷つことによって運命のもつ意味を問おうとしたと言えるかもしれない。この意味に於ても、『公羊傳』の季札と對蹠的な位置に立つのであるが、『公羊傳』の季札の讓國には保身的な側面をも讀みとりうるのではないかと指摘した、その季札とは、『左傳』の運命を問う季札と微妙な繫がりをもっていると言えよう。

次に春秋三傳の中では、他の二傳とはその性格を異にすると言われる『穀梁傳』の季札讓國の問題について考えてみたい。

『穀梁傳』は、隱公元年で「若隱者、可謂輕千乘之國、蹈道則未也」と隱公の讓位の意志に假託して讓國の行爲一般を否認する。注9 しかし、季札については、襄公廿九年に「吳其稱子何也。善使延陵季子、故進之也。身賢、賢也。使賢、亦賢也。延陵季子之賢、尊君也。其名、成尊於上也」と記述されるのみで、季札を〈賢〉として評價する根據を全く示さない。このようにその根據を示すことなく評價を與えている事實から推測するに、勿論、この推測の根據には他の資料にもとづく判斷が重要な役割を果たすのだが、季札が讓國者として既に一定の評價が與えられて、その評價が定着しており、詳細に說明される必要を『穀梁傳』では感じなかったから、季札がなにゆえ賢であるのかについての根據を提示しなかったのではなかろうか。さすれば、隱公に假託して讓國一般を否認する思想傾向と明らかに合致しない。背理すると言ってよい。ただ、隱公は君位に卽きつつ、しかも桓公に君位を譲ろうとしたということに批判がなされているのに對して、季札は讓國者とはいうものの、即位していないということによる兩者の差違に『穀梁傳』の不一致を解明するほかない。たといこのような解釋が可能でかつ正當なものであるとしても、季札の讓國を〈賢〉として認めているとするならば、譲位一般の否認を前提とする立場との間に矛盾は殘る。そして、『公羊傳』における季札の兄達三人と季札との間の矛盾を整序した解釋を、『穀梁傳』にまで推し及ぼすだけの自信は、わたしにはない。また、根據もない。

三

以上檢討してきたように季札の讓國の行爲は、肯定否定のいずれからにしろ強い關心の對象になっている。にも拘らず、孔子は季札のことには全く言及していない。ただ、『禮記』檀弓下篇で、「孔子曰はく、延陵の季子は禮を習ひし者なり。往きて其の葬を觀る。……孔子曰はく、延陵の季子の禮に於けるや、其れ合せるか」と、季札を禮に通じた人物として評價しているのが、唯一の孔子の名による季札に關しての評言である。[注10]恐らくこのことばは孔子自身のそれではあるまい。孔子の名に假託して語られたことばであろうが、季札という人物が無視しえぬ存在であったが故に、孔子の批評が必要であったのであろうと思われる。それも達禮の者という限定をつけて季札を問題にせしめているのは甚だ興味深い。

季札と同じく讓國の行爲者である伯夷・叔齊については、『論語』述而篇で、「古の賢人なり」と評し、かつ「仁を求めて仁を得たり。又何をか怨みん」と伯夷・叔齊を仁者として評價する。しかし、孔子の夷齊に對する評價は、彼らの讓國の行爲それ自體にむけられたものではなく、むしろ彼ら兄弟が、周王朝を峻拒した行爲に關わるそれであろうと思われる。と同時に、孔子は夷齊の周王朝否定に伴う彼らの「ラディカル」な生き方、夷齊の行爲の原理には與してはいない。

ところで、讓國の行爲そのものについて、孔子は何らふれるところがないかと言えば、そうではない。季札の遠祖たる呉の泰伯の讓國については、「泰伯其れ至徳と謂ふ可きのみ。三たび天下を以て讓るも、民得て稱する無し」（泰伯篇）と絶讚しており、讓國の行爲そのものに無關心たりえず、無視するものではないことは明白である。しからば、〈ほとんど同時代に生きた〉季札の讓國に關しては、なにゆえ正負の意味を問わず問題にしなかったのであろうか。

先ず第一に考えられることは、泰伯の讓國は、周王朝創設者たる文王を導き出すという正の結果をもたらしているということである。卽ち、「民得て稱する無し」といわれるほど民は泰伯の讓國の恩澤に浴しており、孔子自身もその恩澤を蒙っているのである。しかも、孔子自身、「周監於二代、郁郁乎文哉、吾從周」（八佾篇）と言って、自らが周王朝を基盤にして成立した文化の恩惠に浴しているということが、泰伯の讓國と不可分な關係をもっていると認識していたが故に、しかも何人にもそれが意識されず、また何人もそれを稱揚しなかったが故に、一層の意味をこめて泰伯の讓國が「至德」として評價されたのである。これに對して季札の讓國は何ら孔子の生き方に關わる問題として意味をもちえなかったし、また、吳にとっても正の結果を與えなかったが故に、孔子は季札の讓國に關しては問題にしえなかったのであろうと考えられる。かかる考え方については、既に春秋學の立場から、『胡氏傳』は伯夷・叔齊の讓國と對比しながら次のように述べている。

叔齊之德、不越伯夷。孤竹捨長而立幼、私意也。諸樊兄弟父子、無及季札之賢者、其父兄所爲眷眷而立札、公心也。以其私意、故夷齊讓國。爲得仁而先聖之所賢。以其公心、故季子辭位。爲生亂而春秋之所貶。苟比而同之、過矣。（襄公廿九年）

この『胡傳』の解釋は、季札の讓國の否認としては隨分亂暴な評定であるが、そのことの詳細な解釋は省略するとして、先にふれた獨孤及の『吳季子札論』の延長線上に成立したものであろう。しかし、張其淦の解釋によると、「事の成敗を以て人を論ず、皆刻覈の論のみ」（『左傳禮說』卷六）ということになり、行爲者自身の問題を缺落させており、結果論的な見方とも言えるのである。しかし、より本質的に孔子が季札の讓國を問わなかったのは、次の理由によるのではないかと考えられるのである。

孔子の進退に關するテーゼは「天下道有るときは則ち見はれ、道無きときは則ち隱る」（泰伯篇）ということである。この孔子の進退論は、仕える者の側の行爲の原則であって、讓國の行爲を可能にする地位に立つ者の行爲の原理には到底なりえない。讓國の行爲は、比較的な意味に於てではあるが、あくまでも支配の側に立つ者――國を有する者の問題であって、孔子のように仕える者の側の行爲の原則とは斷絶がある。ところが、伯夷・叔齊の場合、讓國の行爲者であると同時に、仕える者の行爲者としてもそのあり方を問われる狀況に生きねばならなかったが故に、孔子は自らのあり方と關わる必然性をもった行爲者として意識せねばならなかったし、そのあり方を問わねばならなかったのである。これに對して季札は、有國者の地位に立つ者であって、しかも「立つ者には之に從ふ」という、伯夷・叔齊とは異なる狀況追隨主義的行爲者であって、その讓國は孔子自身のあり方と關わらせうる人物たりえなかったのである。そして、その間の事情を南朝宋の范泰の『吳季子札讚』[注11]がはしなくも暗示していると思うのである。「延州高遠、弃國帥誠、優游大邑、……」と季札に讚辭を與えている。ここで評されているように、季札は伯夷・叔齊とは對照的に〈氣樂な讓國者〉として身を全うして、何ら人間的な痛憤や矛盾の葛藤の中で生きた人物ではなかった、換言すれば、自己の全存在を賭して〈權力〉の意味を問うた伯夷・叔齊とは異なる逃避者であった。つまり、孔子にとって季札には學ぶべきものがなかった、「浮雲の如き」〈賢者〉に過ぎなかった。このことが孔子をして季札を無視せしめた最大の理由ではなかったろうか。正しく「其の安んずる所を察して」季札にふれなかったと考えられるのである。

善なる行爲として認められるにせよ、あるいは惡なる行爲として否認されるにせよ、そのあり方を徹底化して設定することによって、それを支軸として自らのあり方を關わらせ、その檢證軸としての機能を季札の讓國の行爲はもっていた。だからこそ、思想の營みの上で、それを否認するものも、また稱揚するものも、ともにその思想と行爲とを問わねばならなかったのである。しかし、その讓國は有國者のみに許される特權的行爲でもあった。從って、行爲としての普遍的原理たりえなかったという特殊性をもっていたのであるが、その特殊性の故に、〝君權〟の意味を問うものにとっては、伯夷・叔齊とは違った意味でより深刻な問題でもあったのである。

注

(1)「季札初使、北遇徐君。徐君好季札劍、口弗敢言。季札心知之、爲使上國、未獻。還至徐、徐君已死。於是乃解其寶劍、繫之徐君冢樹而去。從者曰、徐君已死、尚誰予乎。季子曰、不然。始吾心已許之、豈以死倍吾心哉」と繫劍のエピソードは記されている。『左傳』襄公十四年の條にみえる「願附於子臧、以無失節」ということばと併せ、季札が〈節〉を重んずることを極めて重要視したエピソードであろう。

（2）孝道徳の實踐が自律的な行爲なのか他律的な行爲なのかはともかく、親という絶對的な他者を媒介にしてはじめて成り立つということだけは事實であろう。

（3）『吳越春秋』吳王壽夢傳には「季札讓曰、禮有舊制、奈何廢前王之禮而行父子之私乎」とある。

（4）杜預は襄公十四年に注して「傳言季札之讓、且明吳兄弟相傳」と言って、吳における兄弟相傳によって、王位繼承の經過を説明する。或は、季札が自明の如くに王位繼承の地位についている表現からみるに、『左傳』の成立に根本的に關わってくる記述かもしれぬ。

（5）唐の獨孤及『吳季子札論』『胡傳』はこの立場から視點を與えている。

（6）兄達の行爲への評價としては、韓席籌『左傳分國集注』に「季子秉義守節、矢志不移、其兄弟皆爲難能可貴、世儒不察、反責其讓國以生亂、過矣」と評するのみである。

（7）日原利國『ひとつの夷狄論』（昭和四十八年一月廿七日「阪神中國哲學談話會」講演）

（8）讓國一般の否定については、『穀梁傳』『漢書』等にみられる、というご指摘については、日原利國先生からご教示戴いた。正面から季札の讓國を否定したのは獨孤及が最初であろう。

（9）『穀梁傳』隱公元年疏は「伯夷叔齊及太白等讓國、史傳所善。今隱讓而云小道者、伯夷爲世子、其父尙存、兄弟交讓而歸周、父歿之後、國人立其中子、可謂求仁而得仁、故以爲善。今隱公上奉天王之命、下承其父之託、百姓已歸、四鄰所與。苟探先君之邪心、而陷父不義、開簒弑之原、啓賊臣之路、卒使公子翬乘釁而動、自害其身、故謂之小道。至於太伯、則越禮之高、以興周室。不可以常人難之。」と讓國の質を問題にする。「伯夷叔齊及太白等」と言ってぼかしてい

るのは、暗に季札の讓國について疏は否定しているのかもしれぬ。
(10)『説苑』修文篇にも同じことが傳えられている。
(11)『藝文類聚』巻三十六隱逸下

なお、この研究は昭和四十八年度科學研究費補助金(奬勵研究〈B〉)によるものである。

左傳心字考

一

『春秋左氏傳』には、「心」の字は頻出する。「人心」「王心」「二心」のような心字を含む二字熟語以外の心字の用語例が全體で八十六例ある。[注1]

以上の用字とは異なって、「王心」「二心」などのような心字を含む熟語としての用語例が二十九種六十例ある。従って、『左傳』全體では百四十六例の心字が使われていることになる。

このうち『詩』や『書』の引用句に含まれる心字の用例が十四例である。その中で、『詩』の引用中の心字が最も多くて六例あり、「諺曰」の中に用いられるのが三例、『書』と『軍志』の言葉として引かれるのがそれぞれ二例、「築者謳曰」（襄公十七年）というような一種の勞働歌といってよい歌中に引かれているのが一例ある。[注2] これら十四例の心字の用語については、『左傳』本來の心字の用語例とは分けて考えた方がよいだろう。[注3]

そこで、行論の便宜上、「堅守之心」（昭公廿七年）のような例も含むが、心字が一字で用いられている場合と、上で例示したような何らかの熟語的な用語法としてみた方がよい場合とに注意を拂いながら、心字の用例を検討して、『左傳』に於ける「心」理解とその意味とを考察してみたい。

ただ、兩者に共通する心字の表われ方の著しい特徴は、いずれの場合も人の言葉の中、すなわち對話や問答の中で心字が使われていることである。全ての心字は會話文の中に表われてきていて、客觀的事實を記述する文いわゆる地の文で出てくる例は人間の精神活動を意味する語としての「心」ではなく、肉體の一部である胸の意味、あるいはノイローゼ、つまり心の働きに缺陷が生じていると理解してよい「心疾」という意味で用いられているだけに過ぎないのである。このことを先ず指摘しておく。この特徴をどう理解すればよいのかについては後述するが、このような特徴に心字、ひいては「心」理解の重要な關鍵の一つが潛んでいるように思われる。

二

問題の所在を明確にする意味で、會話文ではなく、事實や事態を説明する文章の中で心字がどのように用いられているかを具體的な文章に即して先ず考えておきたい。「心疾」「子期之心」としての用字例であって、次の三例だけである。

1　楚人以是咎子重、子重病之、遂遇心疾而卒（襄公三年）

2　夏、四月、王田北山、使公卿皆從、將殺單子・劉子、王有心疾、乙丑、崩于榮錡氏、（昭公廿二年）

3　鑪金初宦於子期氏、實與隨人要言、王使見、辭曰、不敢以約爲利、王割子期之心、以與隨人盟、（定公四年）

いずれの用例も、客觀的に判斷區別できる事象であって、事實の問題として記述されている。

3は、楚の昭王がその兄である子期の胸の個所に刀で傷を入れてそこから血を採り出し、その血を用いて隨人と盟約を結んだのである。何故ほかでもなく胸の血を盟誓のために用いたのか。文字通り心臟を割いて血を採り出せば、死んでしまうから、心臟に近い部位の胸を傷つけて血を採ったのである。そこの血こそは何處の血よりも、己の眞心を最も端的に表わすに相應しいものだと考えていたからであると同時に、胸を割くことによって、具體的に心の中を如實に見せるという行爲の意味もあったのであろう。注4 そうした心字の內實に關わる檢討の先取りはさておき、具體的事實を說明する文章としての位置づけの中で言えば、この心字は身體の部位である胸の意味で用いられている。

1と2に擧げた「心疾」の熟語は、全體で四例あり、他の二例は次の如く會話文の中で用いられている。

4　六氣、曰、陰・陽・風・雨・晦・明也、分爲四時、序爲五節、過則爲菑、陰淫寒疾、陽淫末疾、雨淫腹疾、晦淫惑疾、明淫心疾　（昭公元年）

5　天王將鑄無射、泠州鳩曰、王其以心疾死乎、夫樂、天子之職也、夫音、樂之輿也、而鐘、音之器也　（昭公廿一年）

以上の四例を通觀すれば、分明だが、「心疾」は常套語として用いられていると解してよいであろう。

4以外の「心疾」は死に至る原因として擧げられている。4も「明」のバランスが崩れたために生ずる「心」の病氣の意であり、いずれについても、一種の醫學上の術語としての用法として見ても差し支えなかろう。

1・2・5の「心疾」を心臓病と理解することもできるであろうが、4の「心疾」が明らかに「明」のバランスが崩れたために生ずる「心」の病氣の意であるから、他の三例もノイローゼあるいは精神病に類する心の病として解するのが妥當であろう。[注5]

單子・劉子を殺そうと企んだが、生來の持病でもあったのであろう。この持病に二人を殺そうとするための心勞が重なったためであろうか、心の機能の障害が極度に昂じてしまい、所期の目的を達成できずに死に至った。だれが見てもその死因が明白であったからこのように傳えられたに違いない。1の用例も客觀的な事象の記録である。
5については、引用文の後を承けて、何故「心疾」に陥るのかの理由を述べて、「故に和聲耳に入りて、心に藏す、心億《やす》んずれば則ち樂しむ、窕なれば則ち咸《み》たず、槬なれば則ち容らず、心是を以て感ず、感ずれば實に疾を生ず、今　鐘は槬なり、王の心堪へず、其れ能く久しからんや」と言っている。4についてもそうであるが、この兩者は、心疾の原因を問題にして、必ずしも明確な因果關係があることには疑わしいことについて、極めて主觀的に原因の所在を說いて、「心疾」に罹る原因を斷じている。このような說明が出てきたのは、既に人々によって、「心疾」の實態が經驗的に確認されており、人々の關心の對象となって、その原因がいろいろに考えられてきていたからであって、これらの見解もいろいろな原因究明に關する解答の一つだったであろう。言ってみれば、この兩者は「心」の機能の內實を考察した古代人の「心」研究の成果の一端であるということができる。

心字の原義については、心臟の形に象る象形文字として理解されるのが一般である。そして、金文の心字形を擧げ、「心は生命力の根源として考えられていたが、卜文にはまだ心字がみえず、ただ聖化儀禮としての文の字形中にあらわれる。金文では神靈を安んずる寧の儀禮、神判における勝訴を示す慶など、やはり神事に關する字にみえ、その他德や愈など情性に關する字も二十數文をみることができる」（白川静『字統』）と、心字を含む文字理解を通してその意味の展開が說かれる。

意味の展開の問題は暫く措くとして、心字は人間の身體に具わっている心臓に具象を撮ることによってその原義が成立している文字であり、それが根底になって心字自體でも派生的な意味が生じるようになったのは他の象形文字と共通する所である。

心臓という身體器官と變わらない具體的な事物を表わし、心臓のある部位である胸を指して用いられているのが如上の用例である。このように身體器官もしくは身體の部位を示す意味で用いられている心字として、他に次のような例がある。

（一）沐則心覆、心覆則圖反（僖公廿四年）
（二）和聲入於耳、而藏於心（昭公廿年）
（三）除腹心之疾、而寘諸股肱、何益（哀公六年）
（四）越在我、心腹之疾也（哀公十一年）

この他「腹心」については、「腹心を布く」という表現が二例あるが、これは常套句化した抽象的な意味での慣用語とみなした。また、「其の武夫を略して、以て己が腹心股肱爪牙と爲す」（成公十二年）とか「天下道有れば、則ち公侯能く民の干城と爲りて、其の腹心を制す」（同上）については、「腹心股肱爪牙」のように重要なものの比喩、あるいは欲望の意味として使われていて、腹・心そのものを指しているとは理解できないので除外した。

このように、身體の部位を示す意味での心字の用例は限られている。その中で、本來は身體器官あるいは身體の部位を示す言葉が重要な精神活動を司るところだと認識されていることを端的に示す例が（一）（二）の例であろう。

殊に（一）の沐というのは、髪を洗うことであり、その時には腰を屈し頭を低くするから、心臓も轉倒する。その結果考え事も通常とは違って轉倒しひっくりかえってしまうと言うのである（林堯叟注）。これなどは心臓が精神活動を司る中樞器官であることを明言した代表的な語句である。ここでは心字が心臓を、その心臓が機能することによって齎された思惟觀念を「圖」と言っている。恐らく心臓の轉倒が思惟觀念（判斷力）の轉倒に繫ると言っているのは、文脈上から見て發言者晉侯之豎頭須個人の機轉に屬することであって、必ずしも一般的に容認されていたことでもないと思われる。人の考えを司る個所が心臓に存することの共通理解を前提にした機轉であると言ってもよい。

人の考えることとは、固より是非善惡などの價値判斷を含むさまざまなことを內容とし、常に正しい判斷がなされるとは限らない。この場合、頭須にとっては望ましからざる判斷がなされていたが故に、「心覆へれば則ち圖反す」と機轉をきかせて、自分に都合のよい判斷がでるように文公に再考を促したのであって、考えることを司る「心」が正常位でないことに着目して、望ましくない考えがでた原因をそれに即物的に結びつけたのかもしれない。あるいは、われわれは今日「頭に血が上っているから正常な判斷力を失っているのだ」といった言い方をするが、それに類したこととして、このような表現が慣用的になされていたのかもしれない。

これと同じような用例として、「莫敖必ず敗れん、趾を擧ぐること高し、心固からず」(桓公十三年)がある。これは身體の他の部位すなわち趾の位置が「心」のあり方と密接に關連する。心が不安定になる原因を身體の通常でない姿勢に求めている。心臓が正常位を保てなければ、考えも狂ってくるというのに對して、足の位置が通常でなければ、心の働きが堅固でなくなるというのであるから、精神活動を司る「心」——心臓が通常の位置を保っているかどうかを問題にしていることになる。この二例以外、心字が心臓それ自體を指し、ないしは心臓の意を背後にもって使われ、心臓の位置と精神活動の關係を問題にする例はない。[注6]

二例だけでは根據不足の嫌いなきにしもあらずだが、知・情・意を司る「心」が正常に機能作動するためには、心臓自體の位置が異常になるような姿勢をとってはならないというのが人々の共通の理解であったと言えるだろう。

「心」——心臓は精神活動を司る中樞であり、その機能の一つが判斷力であるが、その心臓が正常な判斷力を行使するには身體上正常な姿勢が保たれていることが大切なのである。

次に精神活動を司る心の本質を表わしていると考えられる心字について検討してみよう。

『左傳』全體を通じて、心は本來的に善であるとか惡であるとかと、概括的定義的に規定する言葉はない。

「今茲君と叔孫と、其れ皆死せんか、吾れ之を聞く、樂しみ、哀しむべきを哀しみ、樂しむべきを樂しむは、皆心を喪ふなり、と。心の精爽、是れを魂魄と謂ふ、魂魄之を去る、何を以てか能く久しうせん」（昭公廿五年）というのが、唯一「心」の本質に言及した言葉である。すなわち、心は「精爽」を本質にしていて、それは特別に「魂魄」と呼ばれるというのである。「精爽」とは、純粋で混じり氣のない清らかな狀態を意味する語であるが、具體的には〃氣〃を指すと考えられる。[注7]この「精爽なる魂魄」が人間の心の基底にあって心の本質とか中核をなしているというのである。そして、「魂魄之を去る、何を以てか能く久しうせん」というのであるから、生命力の根源がそこに存することを言っていることになる。この生命力の根源を中核にして「心」は成立していることになる。これは人間の「心」に對する一般的な見方、すなわち人間全體を通して「心」をみた場合の共通の認識であると言える。というのは、「狼子野心」（宣公四年・昭公廿八年）「實有豕心」（昭公廿八年）の言葉に見られるように、動物にも人間と違った動物それぞれの心があると考えているからである。人間に懷かず反抗して山野を慕う心が「野心」であり、「貪惏して饜くこと無き」心が「豕心」であるとする點から見ても、動物の心に對置してみれば、人間の心の本質は精爽であると當時の人々が考えていたと言ってよい。そして、この精爽なるものが人間の生命力の根源を成していると考えているのであるから、生命力それ自體に人間の根源的本質と價値創出の源泉が存すると考えていたことは言うまでもないことである。

三

このように人間一般の問題としてではなく、人それぞれに着目して、すなわちその個別性に即して人間の心を問えば、また異なった理解が心に對してなされる。つまり、人の心は人それぞれによって異なるものであるというのが、『左傳』の基本的な「心」理解である。その見解を代表するのが、子産の「人心の同じからざるは、其の面の如し」(襄公卅一年)という有名な言葉である。このような認識があるからこそ、「吾れ豈に敢へて子の面を吾が面の如くせよと謂はんや。抑も〔吾が〕心の危しと謂ふ所は、亦以て告ぐるなり」(同上)と言えるものである。

このように、人はそれぞれ心も異なり、從って考えも異なってくるものであるとの立場に立つからこそ、子産は丘賦という新しい税制を導入したのであろうが、その時、「政法に率はずして、心に制す、民各々心有り、何の上か之れ有らん」（昭公四年）という手厳しい保守派の批判を被ることにもなるのである。政治が傳統的な法度によらずに、時の爲政者の心によって恣意的に行なわれるなら、人々にもそれぞれ心が有るのだから、上に立つ者を無視するようになってもそれに對抗する根據がない。傳統的な法度に率うことによって始めて爲政者と民とのそれぞれ異なった心の衝突を回避せしめることができると考えているのである。爲政者と民との葛藤の問題はさておき、「民各々心有り」（桓公六年）「我が族類に非ざれば、その心は必ず異なる」（成公四年）「民心壹ならず」（昭公七年）の語に見られるように、『左傳』では人心の相異が强調される。

では、具體的には心の相異はどのような表われ方をするのか。その相異を列擧すれば次のようになる。

①「有無君之心而後動於惡」[注8]（桓公二年）②「有恤民之心」（莊公十一年）③「有奪人之心」（文公七年）④「惰傲以爲己心」（襄公廿八年）⑤「有禍人之心」（昭公元年）⑥「無醉飽之心」（昭公十二年）⑦「啓叔孫氏之心」（昭公廿七年）⑧「有堅守之心」（同上）⑨「君子之心」（昭公廿八年）⑩「有背人之心」（哀公十五年）

これらの用例から、①のように望ましからざる心もあれば、②のように好ましい心もあるといったように、『左傳』では、「心」は多様多彩な内容を具えているものであると理解されていることが分かる。

さらに、『左傳』の「心」の多様ぶりを一層明確にするために、煩雑さを厭わずに心字を含む二字熟語を全て列擧すれば、次の通りである。括弧内の数字は用例數を示す。數字のないのは一例だけである。

二心（8）・王心（5）・人心（2）・貳心（4）・鬭心（3）・爭心（4）・君心（3）・民心（2）・禍心（2）・野心（2）・童心・守心・怨心・壹心・虞心・豕心・違心・奮心・異心・外心・亂心・愧心・悖心・懼心・覦心・戎心

王の位にいるものの心から民の心、さらには異民族の心まで身分や民族の違いによって心も多様な表われ方をするのである。先述の①から⑩までの用例を含めて全體を通觀すると分明なように、人間の反道徳的ないしは望ましくない行爲や狀態を招く原因の契機になる精神活動ないしは精神狀態を「心」で表現している例が多い。從って、『左傳』では、惡を生む有力な原因を「心」に求める見解が多く見られると理解してよい。そして、惡しきことと善きことといずれにしろ、人間社會に生じる諸事象が多様に表われてくるのは、人間の心の多様性の反映の結果であると見ていることを示している。「民心を生ぜしむこと無かれ」（隱公元年）というのは、「民心を生ずる」とは、價値觀の多様化の容認、換言すれば、價値觀の一元化の放棄を内容にすることであるから、「民各々心有り」という心の多様性の理解・承認を前提にしての發言なのである。

そしてまた、人の顔がそれぞれ違うように人によって心がそれぞれ異なることが問題にされるだけではなく、同一人格内でも心は多様である、少なくとも一様ではないとの理解が一般的であった。

既に擧げた熟語の中に見られるように、「二心」「貳心」の語の頻出、あるいは「外心」「異心」などの語にその根據を求めることができる。「臣二心無きは、天の制なり」（莊公十四年）「二心有ること無くして、以て臣禮を盡す」（成公三年）のように、あるいは「貳心有ること無し」（宣公十二年）「敢へて貳心有らんや」（襄公廿六年）「吾れ晉に偸くして二心有らんとするに非ず」（昭公十六年）のように、當事者すなわち一人稱の相手に對する忠誠や決意を誓うときに用いられている場合が殆どである。「君　狄に二心有り」（成公十三年）と言うには、話し手の相手すなわち二人稱に對する明白にして客觀的な背信の證據が必要である。一人稱の立場からでは、「心は二つ無い」、すなわち「心」は一つであると明確に言うことはできるが、二人稱ないしは三人稱の「心」については、「二心」が有るにしろ、無いにしろ、客觀的に斷言することは容易にはできない（勿論、相手に探りを入れたりするときなど、二心有り、と言うことはあろうが）。

如上に見るように、また「余が心蕩く」（莊公四年）という言葉も併せ考えると、一人の人格内での「心」のありようが單一で、變化しないものだとは理解されていないことを十分證明するものである。もし「心」なるものが同一人格内では一様で變化しないものだという理解があったとすれば、「未だ貳心有らず」（宣公十二年）と辯明する必要があろうか。この言葉は、晉・楚兩大國の間で苦澀に滿ちた選擇を迫られていた鄭の皇戌が、「鄭の楚に從ふは、社稷の故なり」と辯明して、決して鄭が晉に背くものではないことを誓ったときの發言である。人格に擬して國家の歸屬の問題が論じられていて、國家の決意が擬人化されている例である。

このように、「心」は同一人格內でさえ一樣でもなければ、また不變なものでもない。とすれば、「民心」「人心」ともなれば多樣を極めること言うまでもない。だから、何らかの事業の興起や事態の好轉・好結果を齎そうとすれば、「心を同じうする」「心を壹にする」ことが求められるのである。『左傳』には「同心」「壹心」の成語が六例ある。ただ、興味を引くのは、これらの用例中、『書』の引用を含めて四例までが、過去の歴史上の好ましい事例を說明するに當たって用いられている點である。例すれば、「心を同じうして舜を戴き、以て天子と爲す」（文公十八年）とか「昔我が獻公と穆公とに逮びて相好みし、力を戮はせ心を同じくす」（成公十三年）と言うようにである。

同時代のことについての用例は、「所不與舅氏同心者、有如白水」（僖公廿四年）「七國同役、而不同心」（昭公廿三年）とあって、二例とも「心を同じくしない」場合の想定ないしは事實についての言及である。

「同心」の用例のこのような特徴的差異の顯現は、現實に生起することは常に嚴しい目で見ることの反映、あるいは「心を同じくしない」ことの蓋然性を前提にしていることに起因していると言えるであろう。『左傳』全體の「心」の用例に符合している。

「心を同じくする」ことが困難なのは、人によって異なっていて、一様でないことだけに原因があるのではなく、「心」は動き、伸張するものだからである。「凡そ血氣有るものは、皆爭心有り」（昭公十年）と言う。自由に競爭するのが人間を含めて全ての動物の本質である點に着目しているのである。鄭の子產が刑書を鼎に鑄た時、保守派の晉の叔向は、「昔　先王　事を議して以て制し、刑辟を爲らず。民の爭心有るを懼るればなり。……民[注9]刑辟有るを知らば、則ち上を忌《おそ》れず、竝びに爭心有りて、以て書に徵す」（昭公六年）と反論している。人間に潛在する「爭心」を覺醒せしめることに懸念を表明する。既成の價値觀や社會的規制が動搖、弛緩することによって齎された、新しい「爭心」の時代の到來を察知できなかった叔向の子產の施策に對する批判であったのであるが、枠はめされない「心」は、他と爭うことを本來の性質とするという根源的な理解は示している。このような叔向の見解は逆に『左傳』の時代がどのような狀況であったのかを示してくれているのである。

「爭心」が「人心」に固有する性質の一つであることが是認されると、それが充全に達成されることが求められる。「以て君の心を逞しくす」（襄公廿八年・昭公五年）「以て楚の心を快くす」（襄公廿八年）というのは、「爭心」の是認を前提にして始めて言いうることなのである。「爭心」とは、他と爭って自己の欲求を追求する「心」の働き、言い換えれば、欲望達成の心的機能の謂いであって、それが充足されることが「心を逞しくする」ことであるからである。

因みに付言しておけば、「争心」と同じ意味方向をもつ「闘心」の語があるが、これらはいずれも戰場に於いて戰闘する意欲、いわゆる「闘志」の意味で用いられていて、明確に用語上區別されている。

このように自己の欲求を追求することを內容的要素の一つとする「心」は放置しておけば、とめどもなく外へ伸張するのは理の當然である。〈争心の論理〉と呼んでもよい性質を固有している。それぞれがこの〈争心の論理〉に従うならば、そこに個人間、あるいは集團間の衝突を惹起する。

これらの衝突の中で最も強い立場にあるものが身分上から見て王であり、權勢上の地位で言えば君であることは見易い道理である。單純化して見れば、これらの衝突を最後に勝ち抜いたものが王者であると言ってもよいだろう。衝突を回避するためには、上に見るように、「君心を逞しくする」ことが必要であったのであるが、だからこそまた「王心」が問題にされねばならぬ「心」の一つなのである。「楚王方に侈れり、天或いは其の心を逞しくせしめて以て其の毒を厚くして、之に罰を降さんと欲するか、未だ知る可からざるなり」（昭公四年）「楚の禍の首め、將に此に在らんとす。諸侯を召せば來たり、國を伐てば克ち、竟に城けば校するもの莫し。王の心違はず、民其れ居らんや。民の處らざるは、其れ誰か之に堪へん。王命に堪へざるは、乃ち禍亂なり」（同上）というのは、極度の欲望充足の企圖に對する警告である。こうした警告は次のような故事を引きながらもなされている。

昔、穆王欲肆其心、周行天下、將皆必有車轍馬跡焉、祭公謀父作祈招之詩、以止王心、王是以獲沒於祗宮（昭公十二年）

自己の欲望を充足させようと伸張したために招く望ましからざる事態は、「心を降すこと」によって回避されたり改善される。

天禍衞國、君臣不協、以及此憂、今天誘其衷、使皆降心以相從也（僖公廿八年）

あるいは、占筮を引用してではあるが、「天子　心を降して以て公を逆ふ、亦可ならずや」と天子の「降心」が重視され、また、「上位に在る者は、其の心を洒濯し、壹にして以て人に待し、軌度は其れ信にして、明徴す可く、而る後に以て人を治む可し」（襄公廿一年）と、爲政者の一般的心的態度が說かれる。[注10]「心」それ自體はそのままでは決して人を治めるに足りるものではないと考えているからである。

公曰、和與同異乎、（晏子）對曰、異、和如羹焉、水火醯醢鹽梅以烹魚肉、燀之以薪、宰夫和之、齊之以味、濟其不及、以洩其過、君子食之、以平其心、君臣亦然、君所謂可而有否焉、臣獻其否、以成其可、君所謂否而有可焉、臣獻其可、以去其否、是以政平而不干、民無爭心、……先王之濟五味、和五聲也、以平其心、成其政也、聲亦如味、一氣・二體・三類・四物・五聲・六律・七音・八風・九歌、以相成也、清濁・小大・短長・疾徐・哀樂・剛柔・遲速・高下・出入・周疏、以相濟也、君子聽之、以平其心、心平德和（昭公廿年）

この一節は、前述した心の座の不正常と思惟との關係と同じように、五味と五聲とが人の心の狀態と密接に關係することを論じている。食べ物の調理と音樂とが如何に人心に深く關わるものであるかを論證している。五味が調えられた食べ物を食し、調和のとれた五聲を耳にすることによって、心の平靜が保持できるようにすることが重要だと言うのである。正常な心の座の保持だけではなく、「心」、特に「君の心」が正常に作用するためには音樂と食事への顧慮も必要だと强調される。情緒の安定が適切な食事や音樂の聽取に懸かるというこうした主張は經驗知に基づくものでもあろうが、それだけ「心」を正常に働かせることが望まれていたと同時に、扱うに厄介なのが「心」であり、外部要因によって左右されるのが「心」であるとの認識が隱されていることを示すものである。

四

既に「心」の基底には、精爽なる魂魄があって心の中核とか本質を爲していることを論じた。猥雜で不純なるものを「洒濯する」ことによって、基底にあって心の中核を爲す純粋なるものが善なる價値を生み出す原動力になると考えられていたことにも言及した。この「心」の中核・本質（あるいは實體と呼んでもよいが）を抽象化し概念化して、「衷」あるいは「中」と表現する場合もある。

前引の「天其の衷を誘ひ」というのは、人の心の奥底すなわち「衷」を天が認め、開き導くことを言うのである。この「天誘其衷」は慣用語的に數例使われている。人の「衷」は天によってこそ認められるもの、天に認められてこそ「衷」だと考えられていたことを示唆しているようである。精爽を氣と解すれば、天と人とが密接不可分な關係で捉えられていることになり、天に認められることが「衷」成立の當然の條件になる。

「信、中に由らざれば、質も益無きなり」（隱公三年）というのは、周室と鄭が人質を交換して相互の信賴を保證しようとしていたが、結局は兩國の惡化した關係を改善することができず兩者が武力を行使するに至った時の君子の論評である。この「中」が〈本心〉つまり心の中核を指して言っているのは、これが國家間のことについての論評であることから疑問の餘地はない。

『左傳』では、「忠」の字も頻出するが、これは純粋に存すると考えられている人間固有の心の中を意味する上の「中」とは異なった意味内容をもって用いられている。「不忠を討つなり」（僖公四年）「忠は、德の正なり」（文公元年）「忠は令德爲り」（成公十年・昭公十年）「私を以て公を害するは、忠に非ざるなり」（文公六年）「無私は、忠なり」（成公九年）「君は明に臣は忠、上讓り下競ふ」（襄公九年）の用例に見られるように、「心」の中を指して言う語として使われていない。德目として理念化された概念としての意味內容が附與されている。むしろ、「風に采蘩・采蘋有り、雅に行葦・泂酌有るは、忠信を明らかにするなり」（隱公三年）とあるように、上の「信不由中」を説明して「忠信」の語が用いられている。「心」と「言」の關係が介在しているが、「中」の本質が「忠信」だという理解を示している。これは「心」の一面の抽象化であって、道德の成立根據を人間性に求める立場に立つものであろう。

「心」字の多用に對して、『左傳』では、「性」字の用例は數少ない。

夫小人之性、釁於勇、嗇於禍、以足其性而求名焉者、非國家之利也（襄公廿六年）

右の兩「性」字は「心」と同じ方向で用いられていると言ってよい。ただ「小人」という既に負の價値を明白にもつことが確認されている存在の心性を説明しようとするのだから、その本質を明確に限定するために「性」字を用いたと考えられる。

夫禮、天之經也、地之義也、民之行也、天地之經、而民實則之、則天之明、因地之性、生其六氣、用其五行、氣爲五味、發爲五色、章爲五聲、淫則昏亂、民失其性、是故爲禮以奉之（昭公廿五年）

ここで「民其の性を失ふ」と言っているのも、前引の心の場合と同じように、五聲と併せて問題にしている點を考慮するに、固有の民の性質、それは失われてはならぬ性質であって、善なるものを內實としていることが理解できる。ただこの句の場合、意味上「民其の心を失ふ」とは表現できない用語法である點は、上引の「小人の性」「其の性を足す」が「小人の心」「其の心を足す」と置き換えても意味上十分通ずるのとは根本的差異である。逆に、既に全篇を通じて論及してきた「心」に換えて、「性」を用いることは殆ど用字上も意味上もできない。その意味では「心」と「性」とは明確に區別されて用いられているのである。

上記以外の「性」字の他の用法、すなわち「性を失する勿から使む」(襄公十四年)「其の性を保つこと莫し」(昭公八年)「民其の性を樂しむ」(同十九年)「民其の性を失ふ」(同廿五年)「地の性に因る」(同上)「哀樂失はざれば、乃ち能く天地の性に協ふ」(同上)という諸例文に照らせば、「民」「地」「天地」それぞれの本質を形成して、それぞれ固有の個別性を具現せしめているものを「性」と表現している。從って、それぞれ價値評價の定まったものの本質に關わるときに用いられているのが「性」字の用字法であると結論できる。

これに對して、「心」の場合は、非常に幅廣い使われ方をしている。それは人間の知・情・意に關わる精神作用に心が密接に關連していると考えていたからである。心自體が人間の精神活動を司る中樞部であると理解されているのであるから、正に「心」が人間それ自體を内容的に意味しているとも言えるであろう。今日われわれが「人間の複雑さ」と言う場合、それは人間の肉體と不可分ではあるが、主に精神面を問題にすることが多い。客體化して客觀的に一義的に理解できないのが人間の「心」である。『左傳』に登場する人々にとっても、そのことが十分理解されていたから、「心」の語は人の言葉つまり會話や對話の中で使われて、使い手の主觀に依存して多様な意味を呈しているのである。

それでも、「心能く義を制するを度と曰ふ」（昭公廿八年）と言って、「心」が客觀的價値の源泉たりうることを『詩』の「唯此文王、帝度其心」に根據を求めながら追求する。社會的に承認される〈義〉すなわち社會的妥當性を制し定める「心」の働きを〈度〉と言い、その〈度〉によって制定されて、客觀的に〈法度〉あるいは〈制度〉が成立すると考えているようである。しかし、たとい過去の聖人たる文王の「心」にその根據を求めることによってその客觀性を保證したとしても、「心」によって義が定められているかぎり、その制度の意味をめぐる價値の爭奪は殘されることになる。『左傳』の「心」の擔う思想史的意味の一つである。

注

（1）火星の意で用いられる心字が二例あるがそれは含んでいない。

（2）「之を聞く」の中に心字が使われているのが一例ある（襄公廿一年）が、これは引用句中の心字と見ていない。

（3）人名に心字を用いている例として、成大心、蕭叔大心、樂大心（樂世心）、監馬尹大心の四人がいる。

（4）こうした行爲には、殷紂が王子比干の諫言を聞いて、「紂怒曰、吾聞聖人心有七竅、剖比干、觀其心」（『史記』殷本紀）と同じような、ある種の實證主義ないしは即物主義が根底にあるのかもしれない。

（5）杜預も襄公三年の「心疾」について「憂恚、故成心疾」と注する。

（6）襄公卅年に「視躁而足高、心在他矣」と目と足の狀態から心のあり方を推測する言葉がある。この「心」は注意力ないしは考えていることを意味している。廣義には、身體と心の關係を示している見解とみうるが、心が心臟の位置に關わって問題にされているとは言えない。

（7）「精爽」が〝氣〟を指すことについては、三浦國雄氏のご教示を得た。

（8）この語句は君子の論評に出てくる用字例である。

（9）『左氏會箋』本によって、「刑」の字を補った。

（10）「軌度其信、可明徵也」は「在上の者の行ないは、民の法り從うことができる法則性があって、誰の目にもその根據が明白に分かる信實性がある」の意に解した。

第三編　史記列傳

伯夷・叔齊について

伯夷・叔齊――殷周革命という、後世の俊敏な思想家、殊に儒家にとって避けて通ることのできない問題を内包した歴史状況の中に生き、そして死んだ兄弟、この二人の兄弟のあり方は、また、君子像の一典型として、儒教イデオロギー支配下の中国人のあり方、ないしは、生き方にも関わる問題を投げかけた。少なくとも後世孔子を得て顕彰せられた彼らの行為（行為と呼ぶには余りにもことばが軽すぎるのであるが）は、その顕彰の張本人孔子をも含めた後世の思想家たちに、思想と行為、換言すれば、行為の思想性の問題を鋭く投げかけた。その彼らの行為が、儒教を基底的に支える徳治主義の中で、道徳的な存在としての〝君子〟のあり方としてどのような意味をもち、どのように位置づけられるべきかを、『史記』所載の「伯夷叔齊列傳」を素材にして把握し、そのことを通じて儒教の本質に関わる諸問題を考察しようとするのが、本稿の目的である。従って、伯夷・叔齊の兄弟が実在の人物であったのか否かは、ここでは論の対象にされないし、わたしの関心事の外にあり、また、彼らの伝記を再構成しようとする意図ももたない。

伯夷・叔齊についてわれわれが知ることのできる文献上の資料は、先秦の諸子の記述の中にみえる若干のエピソードでしかない。そうした断片的な資料をもとにして作られた伝記が、われわれが最も依拠し問題にする『史記』所載の「伯夷叔齊列傳」である。そこに整序されて伝えられている伯夷・叔齊こそが、鋭く問題を投げかけているのである。

其の傳に曰はく、伯夷・叔齊は、孤竹君の二子なり。父、叔齊を立てむと欲す。父卒するに及び、叔齊、伯夷に譲る。伯夷曰はく、父の命なりと。遂に逃げ去る。叔齊も亦肯へて立たずしてこれを逃る。國人、其の中子を立てり。是に於て、伯夷・叔齊、西伯昌の善く老を養ふを聞き、盍ぞ往きて歸せざるとす。至るに及んで西伯卒す。武王、木主を載せて號して文王と爲し、東のかた紂を伐たんとす。伯夷・叔齊馬を叩へて諫めて曰はく、父死して葬らず、爰に干戈に及ぶ、孝と謂ふべけんや。臣を以て君を弑す、仁と謂ふべけんやと。左右これを兵せんと欲す。太公曰はく、此れ義人なりと。扶けてこれを去らしむ。武王已に殷の亂を平げ、天下、周を宗とす。而るに伯夷・叔齊これを恥ぢ、義として周の粟を食はず。首陽山に隠れ、薇を采ってこれを食ふ。餓ゑて且に死せんとするに及び、歌を作る。其の辭に曰はく、彼の西山に登り、其の薇を采る。暴を以て暴に易へ、其の非なるを知らず。神農・虞・夏、忽焉として没しぬ。我れ安くにか適歸せん。吁嗟徂かん。命の衰へたるかなと。遂に首陽山に餓死す。

この司馬遷の「伯夷叔齊列傳」については、すでに先覚が、史実として信用すべからざる伝記として、実証的な検討を加え、あるいは、彼らの行為の矛盾を論理的に指摘している。[注1]その中でも、梁玉繩は最も精密にこの伝記を批判して「伯夷傳所載倶非也」[注2]とまで断言し、伝記の主要部分を司馬遷の虚構だと認定する。例えば、「書序謂、武王伐紂、嗣位已十一年、即周紀亦有九年祭畢之語、畢乃文王墓地、安得言父死不葬」[注3]と『史記』の作者自身の自家撞着が指摘される。

では、司馬遷は、同じ資料を用いつつ、なぜ敢えて後世の学者から全面的に否認されるような「伯夷叔齊列傳」を虚構したのだろうか。この疑問を解き明かす前に、司馬遷の「伯夷叔齊傳」の二人の事跡について、その成立の過程を若干検討しておきたい。

『史記』の夷齊伝以前の文献として、『史記』のそれとほぼ合致し、司馬遷がそれに依拠したものとして考えられるものは、『呂氏春秋』『莊子』の二書に記載されている夷齊についてのエピソードが挙げられよう。先ず『呂氏春秋』誠廉篇には、

昔周之將興也、有士二人處於孤竹、曰伯夷叔齊、二人相謂曰、吾聞西方有偏伯焉、似將有道者、今吾奚爲處乎此哉、二子西行如周、至於岐陽、則文王已歿矣、武王卽位、觀周德、則王使叔旦就膠鬲於四內、而與之盟曰、加富三等、就官一列、爲三書同辭、血之以牲、埋一於四內、皆以一歸、又使保召公就微子開於共頭之下、而與之盟曰、世爲長侯、守殷常祀、相奉桑林、宜私孟諸、爲三書同辭、血之以牲、埋一於共頭之下、

皆以一歸、伯夷叔齊聞之相視而笑曰、譆、異乎哉、此非吾所謂道也、昔者神農氏之有天下也、時祀盡敬而不祈福也、其於人也、忠信盡治而無求焉、樂正與爲正、樂治與爲治、不以人之壞自成也、不以人之庳自高也、今周見殷之僻亂也、而遽爲之正與治、上謀而行貨、阻丘（畢沅曰、阻丘疑是阻兵）而保威也、割牲而盟以爲信、因四內與共頭以明行、揚夢以說衆、殺伐以要利、以此紹殷、是以亂易暴也、吾聞古之士、遭乎治世不避其任、遭乎亂世不爲苟在、今天下闇、周德衰矣、與其並乎周以漫吾身也、不若避之以潔吾行、二子北行至首陽之下、而餓焉

『莊子』讓王篇にみえる叔齊の事跡も、右の誠廉篇記載の事跡と内容的に全く同じことを伝えている。

この誠廉篇の記述と「史記」のそれとを比較すれば明瞭であるように、夷齊が周を去った動機の内容が異なる。誠廉篇では、政教一致を建て前とする政治と道徳との関係では、当然一方が否定されれば、他方も否定されざるをえないのであるが、周の政治のあり方と道徳的なあり方との腐敗を指摘して、夷齊は周を全面的に否定する。この夷齊は、正に中国の伝統的な隠遁者の姿を呈する。彼らは外部的な条件を通してしか動けない。これに対して、『史記』に伝えられる夷齊は、正に武王が殷紂を伐たんとして出陣するその時に諫言する、[注4]「父死不葬、爰及干戈、可謂孝乎、以臣弑君、可謂仁乎」と。ここには伝統的な思考の枠の中で、その提起する倫理道徳には疑問を抱くことなく、直截かつ明確に武王の

行動に批判を加える。武王の殷紂討伐の原点になるものが、正に彼自身が依拠し、かつ将来天下を平定した時には、自らも理念として強調し、人々に強制もするであろう理念であって、それを武器として武王の決起が諫められ、裁かれる。『呂氏春秋』の中で伝えられる夷齊が「遭乎治世不避其任、遭乎亂世不爲苟在」と為政者の行動原理とは異なった基準を固持して、その尺度に合致するか否かによって自己の進退を決したのに比すれば、自己も信じ、彼も信じた基準の中で進退を決した司馬遷の夷齊は、前者の伝統的な隠者に対して、戦闘的な隠者と評してもよかろう。だからこそ「義不食周粟」と「義」の概念が導入され、特殊的な夷齊の行為が普遍的な要素をもたざるをえない行為として把握されたのである。この二者にみられる夷齊の周を去った動機の内容の相違は、一般化して言うならば、思想それ自体の論理の緊張関係の中で自ら周を去ったとするのが、『史記』の夷齊であり、自他の思想の対立関係の中で周を去るのを善しとしたのが、『呂氏春秋』の夷齊である。

以上観てきたような、同一人物の事跡についての、『呂氏春秋』と『史記』の作者の伝記伝達の違いは、明らかにそれぞれの作者の立場の違いに基因するものである。その差違がもたらす意味内容については既にみてきた通りであるが、それではその差違のもたらされる立場の相違とは何か。それは、両者の夷齊兄弟の行為に対する評価をみれば自ら理解される。誠廉篇に言う。

人之情莫不有重、莫不有輕、有所重則欲全之、有所輕則以養所重、伯夷・叔齊此二士者、皆出身棄生以立其意、輕重先定也

この評価は、伝説として存在する夷齊の伝記を平板に叙述して、それを解釈しているに過ぎず、なぜ夷齊が周を去ったかについて皮相的にそれは、ことの「輕重」が先ず兄弟の中で決定的に疑うことのできないものとして規定されていたことにもとづくと断定しているに過ぎない。そこでは作者の夷齊兄弟への痛みや矛盾は、作者自身のものと意識されることはない。この『呂氏春秋』の作者に評価される夷齊の系譜は、その評価のし方として、後述する『韓非子』『莊子』の評価に合致する。

これに対して司馬遷は、夷齊の行為をどう評価し、どう問題にしているであろうか。それは運命論として評価される。少なくとも後世の運命論を導く問題として評価される。

或曰、天道無親、常與善人、若伯夷・叔齊、可謂善人者非邪、積仁絜行如此而餓死、且七十子之徒、仲尼獨薦顏淵爲好學、然回也屢空、糟糠不厭、而卒蚤夭、天之報施善人、其何如哉、盗跖日殺不辜、肝人之肉、暴戾恣睢、聚黨數千人横行天下、竟以壽終、是遵何德哉、此其尤大彰明較著者也……非公正不發憤、而遇禍災者、不可勝數也、余甚惑焉、儻所謂天道、是邪非邪

ここには、なぜ司馬遷自身が敢えて時代上の脈絡を無視してまでも、先に引用した「伯夷叔齊傳」を虚構し、創作したか、少なくとも信ずるに足りないと判断しうる伝記を挿入

したかをうかがうに足る心情的な動機がみられるのである。「天道無親、常與善人」という因果応報論にもとづいて、そうした善因善果の因果応報論が無効であることを絶望的に「天道是邪非邪」と叫ぶ。ここには、李陵の問題で武帝の逆鱗にふれて宮刑という屈辱を被った司馬遷の絶望が重なりあっているのである。「常に善人に與す」べき「天道」が、却って最も善人中の善人である人々を破滅に追いこんでいる。その最も頂点に立つのが、「聖の清なる」人物——伯夷・叔齊であり、それに繋がる系譜に作者自身が組み込まれ、他人ごとではなく、また自己と隔絶した伝説上の人間の問題でもなく、今ここにこうして生きている現実の人間に関わる問題として意識せられる。司馬遷は、そこでは傍観者たりえない。そのことを「史記」の作者自身に語らせよう。「僕雖怯耎欲苟活、亦頗識去就之分矣[注5]」と言って、自身も夷齊の如く武帝のもとから去るべきことを述べつつ、「所隠忍苟活函糞土之中而不辭者、恨私心有所不盡、鄙沒世而文采不表於後也[注6]」と言う。

伯夷叔齊の非命について傍観者たりえなかった司馬遷は、更に夷齊の清なる行為が、「夫子を得て名ますます彰らか[注7]」になり、顔淵が篤学者であるにもかかわらず、「驥尾に附して行ひますます顯らか[注8]」になるにほかならず、夷齊・顔淵の行為それ自体、また彼ら自身の力だけでは、善果をもたらす原因たりえないとする。しかし、彼らはまだしも「君子疾沒世而名不稱焉[注9]」という儒家の最も忌み嫌うべきことから免れ得ているとし、「巖穴之士、趣舎有時若此、類名堙滅而不稱、悲夫[注10]」と想いを名の没した清節の士に致し、「閭巷之人、欲砥行立名者」[注11]を問題にする。そこには位に就き、名を称せられる君子のみに拘泥し、無名の君子をば断絶し、拒否する有名主義[注12]に反発し、その道徳主義の偽瞞を摘発する。少なくとも道徳上の、或いは倫理上（思想上のと置き換えてもよい）の原則に忠実なるか否かを問う者は、「天道無親、常與善人」という原則の是非を問わねばならぬことを論理的に問題にせざるをえないのである。そして、「天道無親、常與善人」という原則は、『老子』七十九章にみえることばであることを考え合わすならば、正しく老子の原則と孔子の原則とをくしざしにした地点に「伯夷叔齊列傳」は位置し、しかも、この巨大な原則を疑うところにこそ、夷齊の列伝構成の意味があったのである。

次に、『史記』の「伯夷叔齊列傳」が構成される契機になったと思われる孔子の言葉の中で夷齊をとり挙げねばなるまい。『論語』の中で取り挙げられている夷齊は、全体の中で僅かに四ケ所しかない。即ち、

(1) 冉有曰、夫子爲衞君乎、子貢曰、諾、吾將問之、入曰、伯夷・叔齊何人也、曰、古之賢人也、曰、怨乎、曰、求仁而得仁、又何怨、出曰、夫子不爲也[注13]

(2) 子曰、伯夷・叔齊、不念舊惡、怨是用希[注14]

(3) 齊景公有馬千駟、死之日、民無德而稱焉、伯夷・叔齊、餓于首陽之下、民到于今稱之、其斯之謂與[注15]

(4) 逸民伯夷・叔齊・虞仲・夷逸・朱張・柳下惠・少連、子曰、不降其志、不辱其身、伯

夷・叔齊與……我則異於是、無可無不可[注16]

以上の四つの夷齊に対する孔子の評言のうち、(1)、(2)の両者は、列伝の中に取り入れられており、それが夷齊列伝構成の重要なポイントになっている。しかし、この四者のみでは伯夷・叔齊がいかなる人間であるかが明確にはわからない。ただ単に、伯夷・叔齊という兄弟が、「首陽の下に餓ゑ」た「逸民」であって、「仁を求めて仁を得」、「舊惡を念は」なかったので、「首陽の下に餓ゑ」たことについては勿論、一般的に「怨む」ことはほとんどなかった、道徳的に卓越した人間であって、それを支えたものは、彼らの「其の志を下さず、其の身を辱めず」という信念と自尊心であったということがうかがえるに過ぎない。そして、奇妙にも、二人の兄弟の行為は、孔子自身にとって、道徳的努力を傾けてそれに近づくべき理想的対象ではなかったことが、「我は則ち是に異なり、可も無く不可も無し」ということばにみえるに過ぎない。

このような記述だけから、どうして「義不食周粟」にまつわるエピソードと、それに対する司馬遷の評価がでてきたのか。前者の問題については、顧頡剛によると、それは「後世の偽史を捏造した人が『餓』の一字をみて正確に捉えすぎた結果、きっと餓死したに違いないとみなし、『義不食周粟』の一段の故事を作りだしてしまった」結果だとする。[注17]勿論、『史記』の作者以前に、先にみた『呂氏春秋』誠廉篇・『荘子』譲王篇、更には盗跖篇・『戦國策』燕策等には、「餓而死」の事跡がみえており、そのことをふまえて、太史公は伝記を再構成したことは言うまでもない。しかし、『史記』の作者にとっては、夷齊が「餓」えたのか、「餓死」したのかは問う中心ではない。孔子が二度までも「何怨乎」「怨是用希」と伯夷・叔齊の両人が怨まなかった——自己の運命を怨まなかったと強調する点を拡大し、抉出して、『軼詩』と称する詩を引用する。

〝怨〟とはどういうことか。「寃（屈する、凹む）と同系で、心が抑えられて、動きがとれず、中にこもること」[注18]と語源的に説明される。つまり、内的な不平・不快の把持に外ならず、『論語』にも「不怨天、不尤人」[注19]とある如く、不平・不快の把持の消散は、一般的に「天」を対象として行なわれる。それは自己の運命に対して抱く感情である。それを拒否するのが孔子である。道徳上の鍛練にとって障碍となるからである。その孔子の拒否を開かざるを得なかったのが司馬遷である。つまり、「義人」であるが故に、非命を怨む権利を保持したとみる。そして、その開かれた怨念を通じてこそ、儒教の矛盾が見えてくるのである。内容に即して具体的に言えば、「父死不葬」の不孝、「以臣弑君」の不仁の武王と「義人」としての夷齊の矛盾に満ちた衝突が見えてくるのである。その矛盾が見えない者は、「逸民」として、あるいは『忠臣』[注20]としてしか扱わない。

典拠不明の、後世偽撰と断ぜられる『軼詩』を引用してまで、天命を怨むこともなく、また孔子の当時、伯夷・叔齊と言えば、逸民の代表的な人物として受けとめられていたに違いない彼らを「義人」と規定し直したことの中には、思想性をもった行為とは、どういう行為であるのかという鋭い問いかけがあろう。その問題については、後に孔子を含めた先秦の諸子の伯夷・叔齊観を検討していく過程で考察することにするが、この問題とも深い関連があるので、夷齊を「義人」と認定することによって問題提起した司馬遷の思想的拠り所を考えてみたい。

兄弟の間で、位を譲り合い、臣下が主君を討つことを否定した夷齊にとって逸民になって周の粟を食べるということは、いかなることを意味するか。彼らにとっては、武王を諌めた事実と対応するのである。それは、天子たらんとする者は、道徳的に完成された聖人でなければならないという儒教の理念実現の要求を武王に突きつけていることを内容とする。道徳的に完成された聖人によってのみ自己は全的に支配されるのであり、教化されることを願い、それに従うことによって支配者としての聖天子の庇護を、具体的にはその粟を恩恵として与えられるとするのである。もしも自己が属する、あるいは自己が選ぶ体制維持者ないしは体制組織者が、既成の政教一致を原理的に支える道徳的基準を無視し、破壊する君主であるならば、一方では逸民として野に下り、他方では君主を放擲する。前者では、逸民として時勢によっては再び復帰することもありうる。君主の道徳的完成への期待、あるいは世代交替による明君登場のための待機ということが許されるからである。ところが、後者の場合、即ち、殷周革命という殷紂を討って武王が暴力的に樹立した周王朝への帰属の場合には、然るべき時期を待てばよいという問題ではなくなる。「臣を以て君を弑する」ことは、いかなる場合でも許されざることだとする。自らの生きる原則——義の問題になるのである。普遍的な原則として武王も従い、また武王も依拠したと考えられるその原則の有効性を問うために、彼らは「義として周の粟を食はず」に生きねばならなかった。否、死なねばならぬと考えたのである。そこでは、個人としての主観的なあり方のみが決定的に問われるのみで、より根底的な権力とは何か、政治的支配とは何を意味するかは、勿論問われてはいない。

このように思想の論理の中で、行為の徹底性を問題にするのは、換言すれば、行為の思想性を問題にするのは、孔子や孟子の思想——儒家思想の中にその本流があるのではなく、むしろ『墨子』の次の思想にその徹底性をみることができよう。司馬遷と墨子との繋がりは、先にみた司馬遷の儒教の有名主義に対する批判にもみられる。

今天下莫爲義、子獨自苦而爲義、子不若已、子墨子曰、今有人於此、有子十人、一人耕而九人處、則耕者不可以不益急矣、何故、則食者衆而耕者寡也、今天下莫爲義、則子如勸我者也、何故止我[注21]

ここには、おそらく司馬遷が夷齊を「逸民」でも「忠臣」でもない人間として、即ち「義人」として評価した根拠に繋がる脈絡があるのであって、「危邦には入らず、亂邦には居らず、天下道有れば、則ち見れ、道無ければ則ち隱る」[注22]という発想に代表される隠遁思想、あるいは明哲保身に繋がる処世術とは異なる思想がある。孔子にも孟子にも、原則

――義を守り抜くことが説かれてはいるが、「天下義を爲すこと莫き」時に、「如《よろ》しく我に勧むべき者」であると説いて、原則を使い分けることを許さない発想はないのである。

以上『史記』所載の「伯夷叔齊列傳」のもっている思想的意味について詳しく検討してきたが、この夷齊が、少なくとも高潔、清廉な「逸民」としての夷齊が、先秦の諸子の中で、どのように評価されてきたかを考察することによって、夷齊の行為の占める思想史的位置を更に一層明らかにしたいと思う。

孔子の夷齊観については、既にみてきた通りである。しかし、その前提になる一般論としての〝進退〟の問題について、どのように孔子が考えていたかを検討しておきたい。

(1) 子謂南容、邦有道不廢、邦無道免於刑戮[注23]

(2) 子曰、甯武子、邦有道則知、邦無道則愚、其知可及也、其愚不可及也[注24]

(3) 憲問恥、子曰、邦有道穀、邦無道穀、恥也[注25]

(4) 子曰、直哉史魚、邦有道如矢、邦無道如矢、君子哉蘧伯玉、邦有道則仕、邦無道則可巻而懷之[注26]

(5) 子曰……危邦不入、亂邦不居、天下有道則見、無道則隱、邦有道、貧且賤焉、恥也、邦無道、富且貴焉、恥也[注22]

以上の(1)〜(5)に表明されている〝進退〟についての孔子の原則は、天下に〝道〟が存在しているか否かという裁断が基準となる。このことを仮りに裁断の論理と名づけておきたい。⑷にみえる史魚のように、邦に道あると否とを問わず進む者は、君子とは言われない。「直」――正直な人間に過ぎない。「直」なることは、君子たることの属性の一つに過ぎないのである。それのみでは、君子――道徳的に完成した人格の所有者としての名を与えられない。ただ、君子たるべきものの属性の一つであるが故に、その行為は否定されえない。真の君子は、外的条件――世の曲変に応じて進退を決しなければならないのである。この〝柔軟性〟こそが儒教の生命となるものである。即ち、現実から離れた純粋に道徳的な理想像として君子は存在するのではなく、政治に関わる主体としての君子が念頭におかれるからである。ただ、右に列挙した五つの〝進退〟についての具体的な事例を要約したものと思われる。「微子去之、箕子爲之奴、比干諫而死、孔子曰、殷有三仁焉[注27]」の一章は、それぞれのあり方を仁者として捉えている。しかも、比干の「諫而死」というあり方は、史魚の「如矢」の態度と軌を一にするものであって、『論語』にみえる孔子の〝進退〟についての評価には、夷齊の評価とも絡んで差違が残ることは否定しえない。こうした差違を、では、孔子の後継者孟子はどのように整序しているであろうか。

孟子の進退についての原則は、孔子と同じように「天下有道、以道殉身、天下無道、以身殉道[注28]」という裁断の論理が用いられる。そうした大原則の中で、夷齊の進退はどのように評価されるか。進退問題について種々述べている中でも、最も総括的に述べている個所は「萬章章句下篇」の次の部分であろう。

孟子曰、伯夷目不視惡色、耳不聽惡聲、非其君不事、非其民不使、治則進、亂則退、横政之所出、横民之所止、不忍居也、思與鄉人處、如以朝衣朝冠坐於塗炭也、當紂之時、居北海之濱、以待天下之清也、故聞伯夷之風者、頑夫廉、懦夫有立志、

伊尹曰、何事非君、何使非民、治亦進、亂亦進、曰、天之生斯民也、使先知覺後知、使先覺覺後覺、予天民之先覺者也、予將以此道覺此民也、思天下之民、匹夫匹婦、有不與被堯舜之澤者、若己推而內之溝中、其自任以天下之重也、

柳下惠不羞汙君、不辭小官、進不隱賢、必以其道、遺佚而不怨、阨窮而不憫、與鄉人處、由由然不忍去也、爾爲爾、我爲我、雖袒裼裸裎於我側、爾焉能浼我哉、故聞柳下惠之風者、鄙夫寛、薄夫敦、

孔子之去齊、接淅而行、去魯、曰、遲遲吾行也、去父母國之道也、可以速而速、可以久而久、可以處而處、可以仕而仕、孔子也、

孟子曰、伯夷、聖之清者也、伊尹、聖之任者也、柳下惠、聖之和者也、孔子、聖之時者也、孔子之謂集大成

ここでは伯夷・伊尹・柳下恵の凡てが聖人の属性を備えた人格として扱われる。一つ一つの進退を決すべき局面で、上記の三人に代表される行為が、それぞれの時と場——状況に対応してとれること、そのことが聖人としての全的な資格である。その有資格者が孔子であると孟子は価値づける。伯夷・柳下恵が全的な聖人ではなく、部分的聖人であるの

は、どういう欠陥にもとづくと考えているか。孟子は「伯夷隘、柳下恵不恭、隘與不恭、君子不由也」[注29]とその欠点を指摘する。伊尹の欠陥についての評言はみえないが、彼の態度に柳下恵との近似性をみたためであろうか。ただ、伊尹の「治亦進、亂亦進」「其自任以天下之重者也」のあり方は、前述した墨子との近似があることに注目されねばならない。

孔孟の〝進退〟に対する考え方を通じて注目されることは、伊尹・柳下恵・夷齊、更には微子・箕子・比干をも含めて共にみられる、思想として、理念として抱いているものに殉ずること――行為の徹底性は、孔孟にとっても重要な関心事であることは疑いえないが、全面的に君子あるいは聖人が依拠すべきものではないとみていることである。孔孟にとって理想的な君子とは、自己をとりまく状況に対していかに適切に対応しうるか否かによって決定されるのである。この進退の問題に理想的な君子像の最後的な成否がかけられているのである。そして、この最終的な君子像の樹立こそ、儒教が決定的に他の思想に優先する原理になったのである。儒教の徳治主義は、政治が道徳と結合してゆくことによって、支配者が道徳を手段にして人間の魂までも支配する、換言すれば、人間を全人格的に支配することをその本来の目的とする。政教一致という政治支配のための道具としての道徳上の教えにもとづく、支配者の全人格的な支配、魂までも支配するという儒教の本質の中で、伯夷・叔齊は屈服したのであり、屈服することによって、夷齊は支配者として儒教を利用する者を弾劾しえたのである。そして、一般化して言えば、このことは、伝統的な倫理基準に支配される受動性が、旧来の基準を固持する保守性を媒介にして、時として徹底性をもった戦闘的な行為として機能しえることを意味する。隠遁思想とは、その徳治主義からの逃避に外ならない。かかる問題の中に、儒教が宗教か否かを問うポイントがあると考えられるが、紙幅の関係上、ここでは指摘するだけにとどめておきたい。

右の問題と関連して興味ある見解を述べる思想家として韓非子を忘れることはできない。彼は法家として当然であるが、政治主義的立場に立って、夷齊のような逸民を全く認めない。夷齊を「無益之臣」[注30]と断じ、また「不令之民」[注31]と規定して、先古の聖王も臣下としてかかえることはできなかったろうと否定する。それは、韓非子が、いかに民を支配者の権力の及ぶ範囲内に組み込むかを問題にしているからであって、孔孟が、仕える者としての君子のあり方に力点をおき、併せて仕官後もいかに自己を保全してゆくかということを重要な関心事とせざるを得なかったのに対比される。そこでは、統治技術の対象としてしか民をみず、君子をばその統治のための技術者としてしか認めない。だから、韓非子にとっては、伊尹の如く「治亦進、亂亦進」といった態度を持しうる君子は、君臣の関係を常に拒否しないが故に、「霸王之佐」[注32]として高く評価される。

しかし、孔孟にしろ、韓非子にしろ、これらの進退問題の考え方の基底に、一つの空洞があることを見逃すことはできない。それは、王朝そのもの、人君そのものの連続が、無意識のうちに期待され、予想されていることである。そのことを自覚的に問題にすると、殷周の王朝交替の暴力革命に対して、孟子の「聞誅一夫紂矣、未聞弑君也」[注33]という有名な革命是認論が生まれざるをえなくなる。ここにも中国思想の特徴と言われる普遍化の論理がみられるにしても、より多く普遍化を通しての裁断の論理が働いていよう。状況を常に〝道あるか否か〟に裁断し、そこでいずれを選択するかということが、隠遁者の行動の原理になったと同様に、この孟子のことばにも、天子が天子たる人格に相応する聖人か否かを問う姿勢がみられる。その裁断の基準は、道徳的尺度であるから、判断者の主観的な判断が許される可能性をもつのである。そうした儒教の論理が、孟子をして「一夫紂を誅したことを是認せしめる判断を可能ならしめ、殷周革命の是非の決着がつけられたのである。これに対して、韓非子の場合には、状況のいかんに拘らず、支配者の論理の側でのみ行動の原則が問われる。そこでは、君臣関係の放棄は許されない。だから、君臣関係放棄の上に成り立つ隠逸の民は「不令之民」であり「無益之臣」であらざるをえぬ。

孔子・孟子・韓非子と極めて政治主義的傾向の強い側面から、伯夷・叔齊にみられる問題を考えてきたのであるが、最後に『荘子』の脱政治主義の立場からは、どう評価されているかをみ、その意味を考えてみたい。

荘子は、伯夷・叔齊を盗跖に比して、殉じた原因は同じくないが、結果としては「その生を殘ひ、性を傷《やぶ》るに於ては均しきなり。奚ぞ必ずしも伯夷の是にして、盗跖の非ならんや」[注34]となると説き、生命を重んじなかったことを重点にして、儒家の側では是認され、賞揚されている夷齊に疑問を抱く。こうした評価の前提になるものは、言うまでもなく、荘子を特徴づける相対主義の立場である。即ち、「天下盡く殉ずるなり。彼その殉ふ所仁義なれば、則ち俗に之を君子と謂ふ。其の殉ふ所貨財なれば、則ち俗に之を小人と謂ふ。其の殉ふや一なり」[注35]という立場である。そこでは盗跖や夷齊が殉ふに至った具体的な内容的事実は問題にされない。徹底した普遍化にもとづく同一視の適用がなされるだけにすぎない。内容的事実を問題にすれば、「伯夷・叔齊の若き者は、その富貴に於けるや、苟も已むを得べくんば、則ち必ず頼らず、高節戻行して、獨りその志を樂しみ、世に事とせず、此れ二士の節なり」[注36]と評価せざるをえなくなり、伝統的な隠遁思想が受け継がれるだけに過ぎなくなる。ただし、夷齊が権力との緊張関係の中で生きたのに対して、荘子が観念との緊張関係の中で生きた人物であることを念頭に入れておく必要がある。その荘子だけが、平板な評価を免れ、しかも、儒教の徳治主義の本質的な問題をも抉りうる。

　夫不自見而見彼、不自得而得彼者、是得人之得而不自得其得、適人之適而不自適其適者也、夫適人之適而不自適其適、雖盜跖與伯夷、是同爲淫僻也[注37]

荘子は夷齊の主体放棄を問題にする。状況を適確につかみ、また伝統的な思考から脱却することができず、克服することもできなかったが故に、自己の行為の原則を他者のもの――教条そのものの中にしか見出すことができなかったのだとする。その意味では、右の「駢拇篇」のことばは、儒教による全人格的な服従の要求からの脱却――正しく〝自由〟

の問題が提起されているのである。この事実は、政治主義的な方向で「以臣弑君」の不仁なることの原則を打ち破った孟子の徳治主義の徹底と対応する。

「聖人清者」あるいは「伯夷隘」という孟子の評価と、「義不食周粟」という『史記』所載の伝説との間に、われわれは極めて重要な関係をみる。「隘」なることの徹底した内容の追求の過程には、

伯夷・叔齊者、殷之末世、孤竹君之二子也、隱於首陽山、采薇而食之、野有婦人謂之曰、子義不食周粟、此亦周之草木也、於是餓死[注38]

にみられるような徹底性まで要求される。この伝説は、『史記』所載の「伯夷叔齊列傳」の成立後のものであり、史実でないことは疑いえないにしても、ここに含まれている意味は看過しえない。即ち、「臣を以て君を弑する」ことを拒否した夷齊が、臣下としての規範を守り得なかった武王を天子と戴く周王朝に抵抗する唯一の道は、武王と共に周王朝を拒否する以外ない。その拒否は、「首陽誰山[注39]」「彼薇誰菜[注40]」という世界観によって、婦人からみれば「薇を采る」こと、更には「周の水を飲む[注41]」ことすら否定されることを内容にもつ。そして、そのことが「義」に殉うものの当為であったろう。だから、孔孟等の思想家にみられる観念体系の樹立に伴う理念の論理化、また道徳の基準化によってもたらされてきた評価と異なり、夷齊は単純な道徳的規準に従いつつ、彼ら自身の厳しい行為の徹底性の故に顕彰されざるをえなかったのである。そして、歴史の証人司馬遷が、儒教のもつ普

遍への論理化の志向として表現されているところの裁断の論理と、論理の外側ではなく、内側で生まれざるをえなかった伯夷・叔齊とを問題にせざるをえなかったのである。換言すれば、論理と論理との空間にこそ、われわれの生活が現実に即して位置していることを確認したとも言えるのである。その意味において、伯夷・叔齊こそは、孔孟による儒教の確立過程に至るまでの、政教一致としての徳治主義の矛盾の原点に立つ人間として規定しうるのである。

注

(1) 梁玉繩著『史記志疑』巻二十七が最も総括的である。この他、崔述著『豊鎬考信録』巻八にもみられる。
(2)(3)『史記志疑』
(4)『史記志疑』では、「東伐之時、伯夷歸周已久、且與太公同處岐豊、未有不知其事者、何以不沮於帷帳定計之初、而徒諫於干戈既出之日」といって、この事実を否定する。
(5)(6) 司馬遷「報任安書」
(7)(8)『史記』「伯夷叔齊列傳」
(9)『論語』衞靈公篇
(10)(11)『史記』「伯夷叔齊列傳」
(12)『論語』子罕篇、「子曰、四十五十而無聞焉、斯亦不足畏也已矣」

(13)『論語』述而篇
(14)『論語』公冶長篇
(15)『論語』季氏篇
(16)『論語』微子篇
(17)顧頡剛『古史辨(一)、二八　論堯舜伯夷書』太平書局影印、一九六二年、四四頁
(18)藤堂明保著『漢字語源辞典』学燈社、一九六五年、六二一頁
(19)『論語』憲問篇
(20)顧頡剛　前掲書
(21)『墨子』貴義篇
(22)「論語』泰伯篇
(23)(24)『論語』公冶長篇
(25)『論語』憲問篇
(26)『論語』衛靈公篇
(27)『論語』微子篇
(28)『孟子』盡心章句上篇
(29)『孟子』公孫丑章句上篇
(30)『韓非子』姦劫弑臣篇
(31)(32)『韓非子』説疑篇

(33)『孟子』梁恵王章句上篇
(34)(35)『荘子』駢拇篇
(36)『荘子』譲王篇
(37)『荘子』駢拇篇
(38)譙周「古史考」『文選』劉孝標「辨命論」注引用
(39)(40)(41)魏纂元「弔夷齊文」『藝文類聚』巻三十七隠逸下

伍子胥傳について

『史記』が太史公自身のなまなましい人生體験と深い關わりをもって作り上げられた側面をもっていることは、既に周知のことに屬する。それは、太史公の精神の軌跡——彼の場合には肉體のといった方がよいのかもしれぬが——を通して『史記』を内容的に追究してゆくのにある種の氣恥ずかしさを覺えるほどのものである。そうした主觀的な心情の問題はともかく、太史公が『史記』に託して提出している問題の多くは、すべて解明されているとは言えまい。殊に、〈事實〉を積み重ねながら、司馬遷的世界像と人間像とが構想されて、史書としての『史記』がその奥底に深く藏している思想の鑛脈は探りあてられきっているとは言えないであろう。

この小論は、太史公の問題意識を伍子胥列傳を素材にして考察する、逆に言えば、伍子胥列傳に表現されている〈事實〉の構想を分析することによって、太史公の考えていたことの一つに迫り、『左傳』『公羊傳』等の問題にも若干言及しようとするものである。

列傳の構成の面から言えば、伯夷叔齊列傳で太史公の『史記』述作の意圖の一つが語られ、管晏列傳で〈知己〉の問題がうち出され、老莊申韓列傳では韓非子の悲運に自らの悲運が重ね合わされる。そして、伍子胥列傳は、司馬穰苴列傳・孫子呉起列傳で設定され展開された問題を連鎖的總括的に收斂するという形式をもっている。その意味から言えば、列傳の中でも異色の仲尼弟子列傳は、列傳首篇から伍子胥傳までの太史公自身の内的な問題に一應の決着をつけた、自己の思想的課題とは距離をおいたところで書きつけられ、商君列傳以下の想を新たにする休止符とみなされよう。

一

上述のような位置に立つ伍子胥傳の内容的な問題としては、「怨恨をテーマとした、としか思えない[注1]」と指摘されるように、復讐が太史公の關心事である。

伍子胥傳は、伍子胥に關する傳記の記錄であること言うまでもない。後節で孫臏傳が既にこの伍子胥傳に先立つ形で問題を意識的に設定していることを検討するが、伍子胥傳では復讐がどのようにテーマ化されているであろうか。

伍子胥傳に傳述される人物はすべて、何らかの意味で復讐の義務を運命づけられる者として記述される。伍子胥傳の復讐譚は、物語的な要素を含みながら重層的に伍子胥傳を構成しているのであるが、復讐を基底にした人間のからみ合いは、仔細に検討して大別すれば、次に擧げる六種の復讐關係が摘出しえよう。

㈠　伍子胥と楚の平王
㈡　白公勝と鄭の定公
㈢　鄖公の弟懷と楚の昭王
㈣　申包胥と伍子胥
㈤　吳王夫差と越
㈥　越王勾踐と吳王夫差

右に擧げた六例で、伍子胥傳の復讐の問題の中心に据えられるのは、本傳の主人公伍子胥のことであるのは論を俟たない。他の五例は伍子胥の復讐譚をより鮮明に問題化するため目的的に設定されているとみてよかろう。

伍子胥の楚の平王への復讐は、彼の父伍奢が、楚の佞臣費無忌の狡智と讒言とによって、無實の罪を背負って平王に誅殺されたことに端を發する。この事實經過からするならば、費無忌こそが、むしろ伍子胥にとっては怨恨を發散さすべき直接の對象でなければならぬが、費無忌の存在は、平王に對する伍子胥の復讐の導火線をなす役割りでしかない。卽ち、伍子胥傳では、ことの發端に費無忌が登場するのみで、伍子胥にとっては復讐の對象になりえぬ人物として、この佞臣の運命にはふれない。平王が斷罪される對象であれば、當然費無忌が如きもそのなかに含まれるとするかの如くに。ただ、太史公は、楚世家で「昭王元年、楚の衆費無忌を説ばず、其の讒して太子建を亡せしめ、伍奢子父と郤宛とを殺すを以てなり。宛の宗姓伯氏の子嚭及び子胥皆呉に奔り、呉の兵數《しばし》ば楚を侵し、楚人無忌を怨むこと甚し。楚の令尹子常無忌を誅して以て衆に説く。衆乃ち喜ぶ」と、費無忌が如き佞臣は個人の人格的存在をかけた復讐の對象者たりえない人間であって、民衆の怨嗟を受けて葬りさられている。それは、太宰嚭が「其の君に不忠にして、外重賂を受け、己と比周するを以て」越王勾践に裏切り者の宿命を背負って誅せられているのと同一である。太宰嚭の誅殺が伍子胥傳でその理由とともに書きとめられているのは、伍子胥の「忠臣」を際立たせるためなのであろう。注2

自己の全人格的存在をかけて復讐するのは、國君たる平王でなければならぬ。國君であるが故に、全人格的存在を賭するに値する復讐たりうるのである。

伍子胥の復讐の過程は、如上の意味でも苦難を伴うものであった。後述の孫臏にみられる私人間の復讐ですら、長い辛苦を要するものであるのだから、伍子胥の場合には、「伍胥未だ呉に至らずして疾み、中道に止まり、食を乞ふ」という艱難を嘗めねばならぬ。更に呉にたどりついてからも、「退きて太子建の子勝と野に耕す」ことによって、公子光の内志——クーデターが成就されるまでは、政治の中樞に入る機會もなく、ひたすら怨念の空轉を時間との争いのなかで生きねばならない。「呉、公子光をして楚を伐た使め、其の鍾離・居巣を抜きて歸る。伍子胥呉王僚に說きて曰く『楚破る可きなり。願はくは復た公子光を遣れ』と。公子光呉王に謂ひて曰く『彼の伍胥、父兄楚に戮せられ、而して王に楚を伐たんことを勸むるは、以て自ら其の讐に報ぜんことを欲する耳。楚を伐つも未だ破る可からざるなり』と」とその本心を洞察されたのは、正しく伍子胥の內心の焦慮の投影の結果なのである。

太史公の傳える伍子胥の復讐過程の曲折に比ぶれば、同じことを傳えて『呂氏春秋』孟冬紀異寶篇の記錄は平板であり、かつ復讐者その人の息吹きのないこと次の通りである。

五員亡、荊急求之。登太行而望鄭曰、蓋是國也、地險而民多知、其主俗主也。不足與擧。去鄭而之許、見許公而問所之、許公不應、東南嚮而唾。五員載拜受賜曰、知所之矣。因如呉。

極めて直接的に伍子胥の狀況へののめりこみが記述され、伍子胥の心的陰翳や狀況とのからみ合いにまつわりつく緊張感など微塵もない。あるのは、ただ神がかり的な直觀の持ち主たる伍子胥が、許公との默契のなかで姿を露わにする復讐成就者からの投影でしかない。もっとも、孝行覽首時篇では、「七年」「六年」と時の經過を問い、「鄕《さき》の耕すは、其の父の讎を忘るるには非ざるなり。時を待つなり」と評されるが、これとて所詮は處世訓的な評價に過ぎぬ。

次に復讐を賞揚する『公羊傳』の伍子胥はこの點をどう捉えているであろうか。

「諸侯匹夫の爲めに師を興さず。且つ臣之を聞く、君に事ふるは、猶ほ父に事ふるがごときなり。君の義を虧きて、父の讎に復するは、臣爲さざるなり」「蔡罪有るに非ざるなり、楚人無道を爲せり。君如し中國を憂ふるの心有れば、則ち若《かくのごと》きの時にして可なり」（定公四年）と伍子胥の復讐は、道義の宣明にもとづく規範化意識の表徴として表現される。復讐へ至るまでの個別的な事實を吹き飛ばすことによって、行爲原則がモデル化される。怨念を自己規制することによって〈公憤〉にまで昂める。だから、「鞭尸」「鞭墓」に至るまでの、私的な時間は無視され、先祖の屈辱に對する復讐は「百世と雖も可なり」という、怨みの持續の點でも時間をすり抜けた、時間の普遍化・平準化がなされる。言い換えれば、狀況を時間のなかに凍結するということにもなる。その意味では、『公羊傳』にとっては、「鞭墓」「鞭尸」は些末な記錄するに足りぬことであった。よしんばこの事實が所聞のことであったとしても。

時間を無視することのできぬ太史公は、伍子胥の復讐に吳楚兩國の間で繰り返される熾烈な國家間の對立抗爭を、伍子胥に密着させて周到に整理して狀況を設定する。伍子胥が生きている人間であることを證す場の設定である。だから、楚出奔後七年にして楚の平王が薨じて直接の仇敵が存在しなくなれば、「日莫れて塗遠き」伍子胥は、その子昭王を讐として復する射程距離の遠さに恐れて、平王の尸に鞭うたざるをえなかったのである。

「比干心《むね》を剖かれ、子胥眼を抉らるるは、忠の禍なり」（『莊子』盗跖篇）と評されるように、伍子胥、と言えば、あるいは「忠臣」としてのイメージの方が強かったかもしれぬ側面は、伍子胥傳ではどのように傳えられているであろうか。

呉王夫差に越をば滅亡し盡さなければ、禍根を遺す危懼のあることを進言した伍子胥は、太宰嚭の陰謀によって呉王夫差に劍を賜わる。「忠臣」たるものの運命を暗示するが如くに、その運命は父伍奢と軌を一にする。

伍奢が「楚國君臣且に兵に苦しまんとす」とその怨恨を遺言したのに對し、伍子胥は「必ず吾が墓の上に樹うるに梓を以てし、以て器を爲る可から令め、而して吾が眼を抉りて呉の東門の上に縣け、以て越冦の入りて呉を滅すを觀せしめよ」と理性的な自制を解き放った怨恨そのものを吐露する。この怨念のほとばしりこそは、後述する復讐者の資格・適性に關わることの反映でもあるが、この遺言には、「忠臣」たりうることと、一人の人間が生きるということとの間には、乖離するものがあり、規範では律しえぬ人間の心のうごめきがどうしようもなくあることの確認の意味がより深くこめられている。と同時に「忠臣」であるが故に怨念をより深く抱きうるのだ、ということが含意されていると思われるのである。

『左傳』に傳える伍子胥の遺言は、その復讐譚がすでに國家間の對立抗争の歴史の一點景として描かれているように、「將に死せんとするや、曰く『吾が墓に檟を樹えよ、檟は材とす可きなり。呉は其れ亡びん乎。三年にして其れ始めて弱し。盈つれば必ず毀くるは、天の道なり』と」（哀公十一年）と、心の奥底にうごめく怨念のほとばしりのような〝人間らしさ〟はみられない。「櫝は材とす可きなり」と呉王の死を予想し、『左傳』に特徴的な予言者の相貌がうかがえ、自らの運命をも予知して「齊に使ひするや、其の子を鮑子に屬し」從容として自らの運命に順う。呉王の滅びが「天の道」であれば、自らの死も運命であるかの如くに。

自らの進言を聽受しようとしない呉王夫差に對して怨みをぶちまける太史公の伍子胥は、「子胥蚤く主の量を同じうせざるを見ず、是を以て江に入りて化せざるに至る」（樂毅列傳）という批判の對象にもなるのに比ぶれば、個人的な憤怒といった情念を濾過し沈澱させることによって、『左傳』の伍子胥は「忠臣」の姿をより露わにする。〈禮〉の思想を媒體にして〈天道〉の貫徹を意圖する『左傳』の思想的立場の反映であるのに比べ、どこまでも自己の體驗的事實と屈辱の刻印とをないまぜにしたところで怨念の共有を書きつけた作者の赤裸な相異點であると判斷して大過ない、と思われる。

二

伍子胥傳が時間と場――時代と狀況のなかで設定され、時と場とを內實化する形で伍子胥が生命を與えられていることについては、前節で檢討した通りである。ここでは、右の所論を更に補强する材料として、伍子胥傳ほど明確な意識のもとでなされてはいないにしろ、復讐を隱微にテーマにしたと言ってよい列傳を考察してみたい。伍子胥傳に先立つ孫子吳起列傳中の孫臏傳が、伍子胥傳のテーマたる復讐を設定する導入的な位置に立っているとみて差し支えないのである。

孫臏傳の全容と構成は次の通りである。

孫武既死、後百餘歲有孫臏。臏生阿・鄄之閒、臏亦孫武之後世子孫也。孫臏嘗與龐涓俱學兵法。龐涓既事魏、得爲惠王將軍、而自以爲能不及孫臏、乃陰使召孫臏。臏至。龐涓恐其賢於己、疾之、則以法刑斷其兩足而黥之、欲隱勿見。

齊使者如梁、孫臏以刑徒陰見、說齊使。齊使以爲奇、竊載與之齊。齊將田忌善而客待之。忌數與齊諸公子馳逐重射。孫子見其馬足不甚相遠、馬有上中下輩。於是孫子謂田忌曰、君弟重射、臣能令君勝。田忌信然之、與王及諸公子逐射千金。及臨質、孫子曰、今以君之下駟與彼上駟、取君上駟與彼中駟、取君中駟與彼下駟。既馳三輩畢、而田忌一不勝而再勝、卒得王千金。於是忌進孫子於威王。威王問兵法、遂以爲師。

其後魏伐趙、趙急、請救於齊。齊威王欲將孫臏。臏辭謝曰、刑餘之人不可。於是乃以田忌爲將、而孫子爲師、居輜車中、坐爲計謀。田忌欲引兵之趙。孫子曰、夫解雜亂紛糾者、不控捲。救鬬者不搏撠、批亢擣虛、形格勢禁、則自爲解耳。今梁趙相攻、輕兵銳卒必竭於外、老弱罷於內。君不若引兵疾走大梁、據其街路、衝其方虛。彼必釋趙而自救。是我一擧解趙之圍而收獘於魏也。田忌從之、魏果去邯鄲、與齊戰於桂陵、大破梁軍。

後十三歲、魏與趙攻韓、韓告急於齊。齊使田忌將而往、直走大梁。魏將龐涓聞之、去韓而歸、齊軍既已過而西矣。孫子謂田忌曰、彼三晉之兵素悍勇而輕齊、齊號爲怯。善戰者因其勢而利導之。兵法、百里而趣利者蹶上將、五十里而趣利者軍半至。使齊軍入魏地爲十萬竈、明日爲五萬竈、又明日爲三萬竈。龐涓行三日、大喜、曰、我固知齊軍怯、入吾地三日、士卒亡者過半矣。乃弃其步軍、與其輕銳倍日并行逐之。孫子度其行、暮當至馬陵。馬陵道陝、而旁多阻隘、可伏兵、乃斫大樹白而書之曰、龐涓死于此樹之下。於是令齊軍善射者萬弩、夾道而伏、期曰、暮見火擧而俱發。龐涓果夜至斫木下、見白書、乃鑽火燭之。讀其書未畢、齊軍萬弩俱發、魏軍大亂相失。龐涓自知智窮兵敗、乃自剄、曰、遂成豎子之名。齊因乘勝盡破其軍、虜魏太子申以歸。孫臏以此名顯天下。世傳其兵法。

引用文の分段は、便宜上標點本『史記』に従った。陳腐な表現を借りれば、起承轉結の原則にもとづく妥當な分段と考えられるが、この分段によって通讀すれば、既に分明なように、孫臏の傳記記述者たる太史公の意識の背後に隠されているもの、語り手としての太史公の意識の奥に藏されて問題をたぎらせているものは、孫臏と龐涓との關わりであろう。しかもそれは、「自ら能の孫臏に及ばずと以爲ひて」の劣等意識と、それに伴う己の地位を脅かされはしないかという猜疑不安とによって、自己よりも優れた人材を抹殺しようとする純粋に私的な個人間におけるどろどろとした感情と打算との所産にもとづく關係である。孫臏にとってあずかり知らぬところで、單にその能力が優れているというそのことだけで、一方的に法刑の網にひっかけられる。まさに孫臏にとっては運命の不條理以外のなにものでもあるまい。

ストーリー・テラーとしての太史公は、この孫臏と龐涓との間に生じた、その深淵にわけ入れば、渦巻く怨念の情動がうごめいていたであろう心理の裂け目の描寫を全く無視する。意圖的に構想された孫臏傳は〈言うものは知らず〉という、また〈眞悲は聲無くして哀し〉という意識が自己規制を強いているかのごとくである。そして、第二段、第三段へと展開は平板になる。

第二段では、孫臏が卓拔なる兵法家であることの條件を備えていることをエピソード的に敍述し、仕掛人としての姿を第三段で浮きぼりにする。國家の中樞に位置を占めていることによって〈自己の意圖〉は全く隠されたままで。伍子胥の報復の意圖がある時點で見破られたことに比ぶれば、隠微そのものである。この孫臏傳の構成上、つまり第四段という結末をより鮮烈に印象づけるためにはふせおく必要のあるていの敍述展開上の修辭的な問題に屬することであろうとしても。

奥深く潜在していた孫臏と龐涓との關係は、意表を衝くかの如くに白日のもとにさらされ顯在化するのが第四段である。國家間の對立抗争のはざまに隠れていたこの二人の角逐は、孫臏の復讐によって幕をおろす。

孫臏の指導する齊の軍に魏の軍が一敗地に塗れてからでも十三年間の空白は、孫臏の復讐の成就から逆照射される。「龐涓果して夜斫木の下に至り、白書を見る。乃ち火を鑽《き》りて之を燭《てら》す。其の書を讀みて未だ畢らざるに、齊軍萬弩倶に發す」とは、時間の經過のなかで釀成された復讐の怨念の醱酵でもあれば、萬弩の一條一條は、怨みの一念一念でもあろう。「遂に豎子の名を成す」とは、龐涓の孫臏への敗北宣言であるよりは、十數年間という時間の債務への血の決濟であったはずである。

ただ、太史公はその論讚で「孫子龐涓を籌策するは明《めい》なり。然れども蚤く患を刑せらるるより救ふこと能はず」と述べていることを考慮に入れると、孫臏傳が伍子胥傳ほどに明確な問題意識の上から復讐を課題として自ら設定していたのかどうかについては疑問を抱かないわけにはいかぬ。少くとも太史公の論讚にこめられた孫臏の〝歴史〟に對する視點のあて方は、老莊申韓列傳の論讚で韓非子に關して「余獨だ韓子の『說難』を爲り、而も自ら脱がるること能はざりしを悲しむ耳」と言っていることと相連續した問題把握のしかたである。

孫臏なり韓非子なりが到達しえた行爲の若しくは思想の高みを照準にすることによって、思想家や實踐者それぞれの個人を總體として撃つということが、あるいは幾許かの同情を投げかけるということが、どれほどの意味をもちうるのか、あるいは處世訓的なひからびた精神の所産にすぎぬのかは、定かにしえぬが、肉體に刻印された苛酷さの意味と重さに自己辯護をないまぜたところから出る運命的な怨念の共有であったことは間違いあるまい。だから、その苛酷な運命の共有に心を奪われて、自己の設定したテーマは、意識の背後に隱れてしまうことになる。否、テーマは伍子胥傳へと繫がれていくために溫められる。

伍子胥傳のテーマが明確な問題意識にもとづくものであることを鮮明にするために孫臏傳が位置づけられていることを考察してきたのであるが、より圓環的に問題を把握してゆくために、孫子吳起列傳では、司馬穰苴列傳のテーマが一定の脈絡をもって展開されていることを分析檢討してみよう。この作業を通して個々別々に獨立しているかのようにみられる列傳が巧妙な問題設定と內的連關をもって構成されている一端を明らかにしてみたい。

穰苴傳にみられるテーマは、二つあると考えてよかろう。先ず第一に擧げられるのは次に述べられることである。

於是景公許之、使莊賈往。穰苴既辭、與莊賈約曰、旦日日中會於軍門。穰苴先馳至軍、立表下漏待賈。賈素驕貴、以爲將己之軍而己爲監、不甚急。親戚左右送之、留飮。日中而賈不至。穰苴則仆表決漏、入、行軍勒兵、申明約束。約束既定、夕時、莊賈乃至。穰苴曰、何後期爲。賈謝曰、不佞大夫親戚送之、故留。穰苴曰、將受命之日則忘其家、臨軍約束則忘其親、援枹鼓之急則忘其身。今敵國深侵、邦內騷動、士卒暴露於境、君寢不安席、食不甘味、百姓之命皆懸於君、何謂相送乎。召軍正問曰、軍法、期而後至者云何。對曰、當斬。莊賈懼、使人馳報景公、請救。既往、未及反、於是遂斬莊賈以徇三軍。三軍之士皆振慄。

第二番目に太史公が穰苴について關心を拂っていることは次の〈事實〉である。

士卒次舍・井竈・飮食・問疾・醫藥、身自拊循之。悉取將軍之資糧享士卒、身與士卒平分糧食。最比其羸弱者、三日而後勒兵。病者皆求行、爭奮出爲之赴戰。

前者が軍中での規律の嚴格な適用を問題にしているのに對して、ここでは軍中での部下統率の技術的な側面、人心掌握の面での一軍に將たるものの腐心ぶりが彼をして有能な兵法家たらしめている特徴的な證據として傳述される。

では、兩者の問題はどのように孫子吳起列傳に展開され、繼承されているのか。

兵法家の元祖的な存在として、穰苴の資質の兩面は、孫吳列傳では次のように分別して展開・繼承され、兵法家の重要な資質がより鮮明に强調され、その資質をもつが故に、孫子・吳起は兵法家としての有資格者たりうるとされるのである。

穰苴傳で問題にされている第一番目（價値的順位ではない）の「將軍に在りては君令も受けざる所有り」と、將軍としての軍中での絶對的地位の優位性に集約的に表現され、軍隊內という特殊な集團に要請される規律の絶對化、私情を全く排除する、殊に最高の權力者たる人君の私的な意向をも拒否することによる軍掌握の徹底化と統帥權の集中・絶對化の側面は、孫吳列傳では孫武のこととして次のようにうけつがれる。しかも孫武について太史公が傳えることはこれのみである。

> 孫子武者、齊人也。以兵法見於吳王闔廬。（中略）闔廬曰、可試以婦人乎。曰、可。於是許之、出宮中美女、得百八十人。孫子分爲二隊。以王之寵姬二人各爲隊長、皆令持戟。（中略）約束旣布、乃設鈇鉞、卽三令五申之。於是鼓之右、婦人大笑。（中略）復三令五申而鼓之左、婦人復大笑。孫子曰、約束不明、申令不熟、將之罪也。旣已明而不如法者、吏士之罪也。乃欲斬左右隊長。吳王從臺上觀、見且斬愛姬、大駭。趣使使下令曰、寡人已知將軍能用兵矣。寡人非此二姬、食不甘味、願勿斬也。孫子曰、臣旣已受命爲將、將在軍、君命有所不受。遂斬隊長二人以徇。用其次爲隊長、於是復鼓之。婦人左右前後跪起皆中規矩繩墨、無敢出聲。

所引の孫子の兵法家としての嚴格な姿勢は、そのエピソードの採り方といい、穰苴傳のそれと酷似する。兩者とも君主の最も信頼し、愛幸するものを犠牲に供することによって自己の將軍としての地位と威權とを下部に徹底させる。この點だけが兩傳の相似ないし類似であるならば、偶然の一致、あるいは兵法家とはかかる嚴格性を必要とするのであって、それは軍隊という特殊な集團の組織上の反映であると理解すれば足りることであって、兩傳に密接な內容的脈絡があることの證據とはなしえまい。そこで次に第二番目のことが問題になる。

第二番目に擧げた穰苴傳のテーマは、孫吳列傳ではどのように結ばれているのか。部下掌握という上位者の下位者に對する技術的な側面は、吳起列傳にうけつがれる。

起之爲將、與士卒最下者同衣食。臥不設席、行不騎乘、親裹贏糧、與士卒分勞苦。卒有病疽者、起爲吮之。卒母聞而哭之。……母曰、非然也。往年吳公吮其父、其父戰不旋踵、遂死於敵。吳公今又吮其子、妾不知其死所矣。是以哭之。

一軍に將たる者は、いかにすれば生死を賭す戰場へ部卒を一人殘らず勇猛果敢に驅りたてうるのか。先に引用した穰苴傳に傳える穰苴の部下掌握の〝技術〟と完全に照應していることは明白である。穰苴が「病者も皆行かんことを求め、爭ひ奮ひて出でて之が爲に戰に赴か」しめたものと、吳起が「其の父戰ひて踵を旋らさず、遂に敵に死せ」しめえたものとは、同一線上に位置することである。「能を盡して士心を得る」ことが優れた用兵家に共通する條件の一つなのである。軍隊內という特殊集團の人的結合の要諦ではあるが、太子公がかかる人的結合にある種の意味を付與していたことも事實であろう。因みに言えば、君主の最も信頼し愛幸するものを犠牲に供するかたわら、最下なる者に恩徳を施すという對蹠的な穰苴なり呉起なりの集團統治の實際は、それ自體として興味ある問題を提起していると考えられるが、ここでは深入りする餘裕がない。

伍子胥傳が構想される土臺として、それに先立つ司馬穰苴列傳及び孫子呉起列傳が構想されていることを內容に即しながら分析檢討してきた。それぞれの列傳は完結した個人の記錄でありながら、連鎖的にテーマが展開され、そこに個人が問題を背負って登場する。そのようにして組み立てられた伍子胥傳のはらんでいる問題を、伍子胥傳にたち返って考えてみたい。

三

第一節では伍子胥の復讐の過程を跡づけ、そこに含まれている意味を若干考察したが、ここでは更に一歩進めて、伍子胥傳にこめられた復讐の主題に關わる問題として太史公が何を問おうとしていたのかを考えてみたい。即ち、伍子胥傳が單に復讐をテーマにしただけではなく、復讐をテーマにした背後にあるものを探ってみようと思う。

客観的にみた場合はどうあれ、ひとつには復讐は自らが正しいという倫理的判斷に立ってなされる。注3 自らが正しいという判斷に立たぬかぎり復讐などという苦難を伴う所業はなりたちえぬだろう。少なくとも伍子胥にとっては復讐は絶對的に正しい倫理的行爲であった。しかし、たとい絶對的に正しい倫理性が復讐の權利を留保する側にあったとしても、常に復讐が成就されるとはかぎるまい。まして復讐者と仇敵との間に身分上のまた權勢上の懸隔がある場合にはなおさらであろう。歴史的事實としては、無實の罪に歸して復讐の機會すらもちえなかった者の方が壓倒的な數にのぼったであろう。そうした一般的な傾向のなかで、君主という權力者を讐として戴いた伍子胥の復讐者としての運命が苛烈であったことは、第一節でみた通りである。

かかる苛酷な復讐者の運命を荷擔するに足る資格・資質は何であったろうか。それは伍子胥とその兄伍尙との性格の差異を父伍奢が素描することばのなかに讀みとれる。そして、このことこそが復讐をテーマにした伍子胥傳の中心的な思想的課題でもあった。

無忌言於平王曰、伍奢有二子、皆賢、不誅且爲楚憂。可以其父質而召之、不然且爲楚患。王使使謂伍奢曰、能致汝二子則生、不能則死。伍奢曰、尙爲人仁、呼必來。員爲人剛戾忍詢、能成大事、彼見來之并禽、其勢必不來。王不聽、使人召二子曰、來、吾生汝父。不來、今殺奢也。伍尙欲往、員曰、楚之召我兄弟、非欲以生我父也。恐有脫者後生患、故以父爲質、詐召二子。二子到、則父子俱死。何益父之死。往而令讎不得報耳。不如奔他國、借力以雪父之恥。倶滅、無爲也。伍尚曰、我知往終不能全父命。然恨父召我以求生而不往、後不能雪恥、終爲天下笑耳。謂員、可去矣。汝能報殺父之讎、我將歸死。

「尙人と爲り仁」と伍奢は評する。「人と爲り仁」たることとは、復讐者としての適格性に缺ける決定的な弱點たらざるをえぬ。「我往くも終に父の命を全うすること能はざるを知る」という先見性のみでは、苦難に滿ち滿ちるであろう復讐の使徒たりえない。從って、讐に復することのできぬ、また、できぬのではないかと自己の能力に疑懼を抱く彼にとってとるべき方途は、父と共に敢えてその身を犧牲にすることしかない。萬一にも父の命と己が命とが引き換えられるならば、それは願ってもない〈孝〉の實現なのである。「天下の笑いと爲る」ことからも免れ得、〈體面〉も保持される。因みに言えば、伍尚の言には、君命に從うべきか否かの苦澁はない。

他方、「人と爲り剛戾にして詬《はぢ》を忍ぶ」伍子胥は、既に遠く父の運命を超えて、自己の擔うべき運命を思いやる。彼にとっては、父の死が所詮は避けられぬものであるならば、伍尚と共に仇に復するより道はない。父と心中することによって「復仇義務」の不履行に對する世間的な責めを塞ぐことを先取りする〝賢《かしこ》さ〟とは無縁なのである。「剛戾にして詬を忍ぶ」とはその謂いに外なるまい。

「人と爲り仁」と「人と爲り剛戾にして詬を忍ぶ」とを、對比的に描ききることによって、太史公は復讐のもつ苛酷さに耐えうるものが何であるかを明らかにした。「臥薪嘗膽」の越王勾踐も正に「人と爲り能く辛苦す」る人物であった。

右に引用した伍子胥傳の一節に相應する『左傳』昭公廿年の記述は次の通りである。

無極曰、奢之子材。若在吳、必憂楚國。盍以免其父召之。彼仁、必來。不然、將為患。王使召之曰、來、吾免而父。棠君尙[注4]謂其弟員曰、爾適吳、我將歸死、吾知不逮、我能死、爾能報、聞免父之命、不可以莫之奔也、親戚為戮、不可以莫之報也。奔死免父、孝也。度功而行、仁[注5]也。擇任而往、知也。知死不辟、勇也。父不可棄、名不可廢。爾其勉之、相從爲愈。

右に引いた『左傳』の伍子胥兄弟の相貌は伍子胥傳のそれと異なる。伍子胥傳にみられる伍尙の〝弱さ〟のようなものはここではみられない。また、伍子胥についても、彼が復讐者の適格性をなぜ具えているかは明らかにされない。ただ「吾が知逮ばざれば」であるが故に伍尙は死に歸すのである。兄弟はいずれも「孝」「仁」「知」「勇」の諸德の具現者として表彰され、道德的規矩に適合した人物、あるいは行爲者として平等に價値づけられる。太史公の傳える伍尙も決して貶價的な存在として捉えられないが、『左傳』では、道德的尺度から行爲の基準の價値附與がなされるが故に、伍尙の死にも「勇」なる德が附與される。

父に殉じた伍子胥と、父の讐に復した伍子胥と、そのいずれに〈眞の勇〉の名が與えられるべきなのかは、價値基準設定の視座によって振幅する重大な問題であるが、少なくとも『左傳』は道德的價値として兩者を對等化させている、換言すれば、行爲の價値を相對化せしめていることは否定しえまい。從って、「父は弃つ可からず、名は廢す可からず」とは、價値創出への出發點であるとともに、價値相對化への渾沌でもある。伍子胥傳で「父我を召して以て生きんことを求むるに而も往かず、後恥を雪ぐこと能はず、終に天下の笑ひと爲るを恨むのみ」という心理的葛藤——價値創出への苦悩の表現は、復讐という、情念に比重をより大きくもつ行爲に傾斜していることを示すものであって、理念と行爲の閲ぎあいをもたぬ「死を知りて辟けざるは、勇なり」という原則化・法則化とは對極に位置する。

ただ、伍子胥が父の讐に復そうとする決意と伍尙が父の死に殉じようとした決意とは、道德的價値がそこから出てくる當のものなのであって、兄弟をしてそれぞれの道を歩ましむるものは同根である。とすれば、前述の『左傳』の道德的價値の並列・相對化も亦、思惟の基本的構造としては同一である。しかし、この同根認識の度合の深刻さ、別言すれば、價値相對化を拒否しようとする緊張感が伍子胥傳の側に濃密にある。そのことが個人の生きざまを傳えることに力點をおいて、伍尙の屈曲した心理の吐露としてのことばが挿入された意味なのである。

『左傳』の記述とむしろ近いのは次の楚世家の記録である。

無忌曰、伍奢有二子、不殺者爲楚國患。盍以免其父召之。必至。於是王使使謂奢、能致二子則生、不能將死。奢曰、尚至、胥不至。王曰、何也。奢曰、尚之爲人、廉、死節、慈孝而仁、聞召而免父、必至、不顧其死。胥之爲人、智而好謀、勇而矜功。知來必死、必不來。然爲楚國憂者必此子。於是王使人召之、曰、來、吾免爾父。伍尚謂伍奢曰、聞父免而莫奔、不孝也。父戮莫報、無謀也。度能任事、知也。子其行矣。我其歸死。

會話の展開としては、『左傳』のように伍尚兄弟の「人と爲り」を費無忌（卽費無極）が評していず、伍奢に評せしめている點は、伍子胥傳所載と同一であるが、兄弟の行爲志向の屈折の表出は、同一人の筆になるかと嫌疑を抱かしめるほどの相違がある。この相違については次のように解するのが妥當であろうか。

世家という公的な世界の記録であるが故に、そこに位置づけられる伍尚兄弟の行爲は、『左傳』と同一延長線上の樣相を呈し、「不孝」「無謀」「知」という諸德の側、つまり原則の側から枠はめされる。そこに、個人という私的な世界の記録に重心をおき、より情念に卽して伍尚兄弟を素材化させている列傳との相違點がみられるのである。そして、このことは、資料を太史公が骨肉化した結果であることをも示唆するものである。だからこそ、「向に伍子胥をして奢に從ひて俱に死せ令むれば、何ぞ螻蟻に異ならん。小義を弃て、大恥を雪ぐ」とその論讚で伍子胥を讚美しうる。復讐という長い苦難の道程に耐えうるもの

――〈生の意志〉とよんでもよいようなものが、歴史を衝き動かしていることを確認したとも言えようか。

「孝悌なる者は、其れ仁を爲すの本か」(『論語』學而篇)とは有子のことばである。孔子の説く最高理念たる〈仁〉がどのようなことを內容的に提示しているかについては多くの問題をはらむことであるが、第一義的には、孟子も「未だ仁にして其の親を遺つる者有らざるなり」(梁惠王上)「仁の實、親に事ふる是なり」(離婁下)と說くように、〈仁〉が血緣倫理に根幹を据えた求心的な德であることには疑念はあるまい。家族共同體という閉鎖的な集團內、とりわけ親に投入されることを常に基底的にはらんでいる〈仁〉なる概念によって捉えられる伍尙の人格的存在が、復讐責務をもつものにとって要求される諸條件が考慮されなければならないとしつつ、終極的には卽時的にしかも絕對的に可能な〈孝〉の實現者として、父と運命をともにする機能しか果しえなかった。

これに對して父親との〝ヘソの緒〟を完全に斷ち切る〈不孝〉によって、またひとつの〈孝〉を實現するという、また「詬を忍ぶ」ことによって「大恥を雪ぐ」というパラドックスが伍子胥傳の復讐譚にこめられた思想的意味であった。そして、それが太史公自身の思想的據點ともなったのである。

(1) 日原利國「復讐の論理と倫理」(『日本中國學會報』第廿六集所收)。

（2）越王勾踐世家では「越王乃葬呉王而誅太宰嚭」とある。
（3）復讐の提起する問題については、前掲の日原利國先生の論文に精密に論じられており、拙論もこれに依據すること半ばを過ぎている。
（4）『經義述聞』左傳下は、「尙」字を「後人所益」という。
（5）「度功而行、仁也。擇任而往、知也」とは、殊に前者は難解なことばである。杜預は「仁者は成功を貴ぶ」と注し、『左傳輯釋』は「功の成る所を度りて之を行へば、其の澤物に及ぶ。孟子に曰はく、仁の實は、親に事ふ是なり」と注す。内容的には、『左氏會箋』も指摘するように、「仁」とは伍子胥に對する評價であろう。とすれば、「度功而行、知也。擇任而往、仁也」とある方が理解しよい。『論語』泰伯篇に「仁以爲己任」とあるのから考えれば、「自分にどの程度の功《こと》ができるかを度量して行いの射程を定めるのは、知（者のやること）である。任務の重いものを擇んで遠き道程を往くのは、仁（を背負うようなもの）である。」と解しうる。「知者不惑、仁者不憂、勇者不懼」（『論語』子罕篇）にもとづけると、いずれも伍尙の自己評價と解しても一向にさしつかえない。伍尙は「彼仁」なのであるから、「名不可廢」だけが、伍子胥に與えられた〈名分〉ということになる。ここでは、問題を提示し、『左傳』の「仁」「知」などの概念のより詳しい検討は、稿を改めて論じてみたい。

第四編　中國的思惟の問題

「中国の本というものは実にわからないものでありまして、読めば読むほどわからなくなる。私が教わりました桑原隲蔵先生、つい昨年岩波書店から全集が出ましたが、桑原先生は、よく中国の学者は頭が悪いと言って小言を言われました。

ところが桑原先生ばかりではないのです。私が考古学の講義を習いました濱田耕作先生、後に総長になられましたが、この方は私は非常に公平な方だと思われるのですが、あるとき言われますに、西洋の横文字の本は読めばよくわかる。だから読んでいるとだんだん頭がよくなるような気がする。ところが漢文というものは実にわからないものだ。漢文を読めば読むほどわからなくなる。それを無理にわかろうと思って読むと頭が悪くなる。その証拠には支那の学問をしている学者というのはたいてい頭が悪い。お前たちもそうなるな、と言ってくださったのです。」（宮崎市定『「論語」の新しい読み方』全集二四　七一頁）

この漢文表現の無法則性の問題について、恩師の森三樹三郎先生は、漢文は勘で読むからカンブンというのです、と冗談めかして話されたこと、同じく恩師の木村英一先生が、漢文には文法がまだ発見されていない、と語られたことが記憶に鮮明に遺っている。未だに満足に漢文を読みきれない者としては、二人の恩師の言葉はいろいろな意味で含蓄を感じるのであるが、宮崎博士を含めた碩学の右の辞をどう受け止めるべきなのか悩ましいことには違いないのである。

現代中国語の表現が右のような問題、すなわち文章表現の無法則性に伴う難渋・難解性を、敢えて言えば、克服した言語表現になっているのか、あるいは古代漢語の表現様式の残滓を引き継いだままになっているのかについては門外漢であることも含めて浅学もあって窺い知る所ではない。

右に語られている問題点は、古典中国語のもっている言語的特徴の一つともされる難渋さを伴う曖昧な表現様式を用いることでしか、この世界の諸事象を説明したり、人事の問題に論及することができない漢民族の思惟や感情のあり方がどうなのかということと結局は深く結びついている問題であるということだけは分かるのである。換言すれば、表現様式それ自体が思惟構造それ自体の特質と深く関わりがあるという問題を内包しているということである。

かかる問題意識に根差しつつこれまで気になって考えてきていたことについて、具体的な問題を取り上げて卑見を論じようとするのが本稿の趣意である。

甲　「不暇」の用例について

なぜ標題に掲げた「不暇」を問題の対象にしたのかということについては格別の意味があるわけではない。たまたま以前読んでいて納得し難いというか、腑に落ちない用例があってずっと引っかかっていたからである。

「不暇」の用例について、便宜上手元にある楚永安『文言複式虚詞』に従えば、次のように解説される。

この書は「不遑」の一項を立て、その中に「不皇、未遑、不暇、未暇、不遑閑」をふくめて、「〝遑〟は空閑の意味。〝不遑〟は一般には状語すなわち状況語・連用修飾語・副詞的修飾語として用い、時間がないあるいはある事をすることが不可能である」と説明する。この項目に関わってこの書が挙げる例文は十例である。全てを挙げる煩を避けて数例を挙げれば、以下の通りである。

①譬彼舟流、不知所届。心之憂矣、不遑假寐、（『詩經』小雅・小弁）

②是以夙夜不皇康寧、永惟萬事之統、猶懼有闕、（『漢書』董仲舒傳）

①は「うたたねするひまもない」、②は「朝から晩まで心安まる（心境）までになれない（状態にある）」という意味と解釈してよいであろう。

これらの用例を挙げた後で、同書は『暇』と『遑』は同義である。だから、〝不暇〟は

〝不遑〟に等しい。ただ『暇』の使用範囲は比較的広く、状語となることができるだけでなく、謂語すなわち述語・補語にもなることができる」と説明する。例文が三例挙げられているのでそれらを全て列挙すれば左記の通りである。

③周文王至于日昃不暇食、而宇內亦治、（『漢書』董仲舒傳）

④哀我征夫、朝夕不暇、（『詩經』小雅・何草不黄）

⑤蘇代曰、救亡不暇、安得王哉、（『韓非子』外儲説右下）

この三者もそれぞれ次のように解釈できよう。③は「食事をする暇もない」、④は「毎日朝から夕べまで時間に追われっ放しである」、⑤は「亡びゆく状態さえ救うことができないのであれば」という程の意味内容を示しているのであろう。

以上列挙した五例の「不暇」について意味を理解する上で疑念を抱かせる用例はない。ところが、同じような用語例でありながら、画一的に同列に理解していては意味の上でどうしても釈然としない文章に遭遇したのである。『四體書勢』草書の条に次のような用語例がある。

漢興而有草書、不知作者姓名、至章帝時、齊相杜度號善作篇、後有崔瑗崔寔、亦皆稱工、杜氏殺字甚安、而書體微瘦、崔氏甚得筆勢、而結字小疏、弘農張伯英者、因而轉精甚巧、凡家之衣帛、必書而後練之、臨池學書、池水盡黒。下筆必爲楷則、號怱怱不暇草書、寸紙不見遺、至今世人尤寶其書、韋仲將謂之草聖、

問題は右の文章の「號怱怱不暇草書」をどう読み解くかということである。普通に読めば、「怱怱として草書に暇あらずと號す」と訓読するのが穏当であろう。二玄社の『中国書論大系』第一巻所収の『四體書勢』も右の通り訓読して、かつ〈「怱怱として（あわただしくて）草書を書く暇がない」といいふらした。〉と上田早苗氏は翻訳されている（『中国書論大系』第一巻、一〇一頁）。

書家として書道教育に携わる一方、書論に関する論稿をも意欲的に発表している古川徹氏（岐阜総合学園高校）は、「草書の方が手早く書けるのだから、あわただしくて草書を書く暇がない」という解釈に疑念をもっていたと実技者としての所感を語ってくれた。つまり、この箇所の解釈には、実作者の側からみても、また合理的視点から読んでも、従来の読解では釈然としない点が残されているということになろう。その上、草書を書く暇がなくて、「寸紙も遺されざる」事実を背景にして、「今に至るまで世尤も其の書を宝とす」ることにどうしてなるのか、という疑問も生まれるのである。上田氏の訳に従って理解しようとすると、張伯英は忙しいので草書を書く暇がないと表向きには言いつつ、遺したと言うほどではない草書しか遺さなかったので、『四體書勢』の著者はそのことを称して「寸紙も遺されず」と書き記したのだということになろうか。そして、その僅かに遺された草書が世人から宝物のように貴ばれたのだ、というふうに理解しなければならないだろう。

右のように考えると、「忽忽として草書に暇あらざれば、寸紙も遺されずと號す」と読むこともできよう。恐らく訳者も試行錯誤の結果、最善の選択として訳解を定着させたのであろうから、提起しているような読み方は先刻試みられていたと推量されるのであるが、漢文表現の曖昧性と読解の難渋性を問題にしているので、煩瑣になるが、例示した読み方に従って、解釈しておくと、「あわただしくて草書を書く暇がなくて、寸紙も遺すことができなかった」、直訳的に言えば、「遺されるような寸紙もなかった」ということになろうか。

このように考えてくると、「寸紙」とはそもそも何かということを問題にせざるを得なくなる。この「寸紙」は、張伯英が草書で書き遺した僅かばかりの作品を指すのか、はたまた彼が草書を書こうとした素材としての紙を指しているのか、これまた考えなければならぬことである。

上田氏は「わずかの紙切れも残さない。」と訳す。原文が曖昧なので当然であるが、曖昧さを残した訳にみえるものの、草書で書いた作品の僅かの紙切れも残されていないという意味に理解していると判断してよかろうと思う。

この世界に生起している事象や現象をどのように見てどのように捉え、それをどのように言い表すのか、ということが、ここで改めて問題になる。

漢文の訓読では、反訓がよく例として取り上げられる。一つの事象をどの面から見るかによって意味内容が異なった相貌をもつことを含意していると言ってもいいだろう。

また、訓読とは若干離れることになるが、医学の領域での漢方と西洋医学の一般的対比で問題にされることとして、西洋医学は対処療法に特徴があり、漢方は個別的な病気の原因を全体として把握し治療や療法をすることに重点がおかれていると言われる。

最近、右のような説明解釈の仕方を裏づけるような研究結果が報告されている。

「欧米人は対象物を凝視するが、日本人や中国人は背景を含めて全体を見渡している——。同じ風景を見る場合でも、アジア人と欧米人ではこのような違いがあることが、米ミシガン大の研究でわかった。[注1]」

つまり、アジア人には事象なり現象なりを総体として捉えようとする意識や営為が根幹にあるということであろう。そして、捉えたり理解したことを表現しようとする。その結果、少なくとも一面だけを言い表すことは極力避けようとすることになるが、一つの事実や事象について言葉は全てを表現できるものではなく、どうしても個別的単一的表現たらざるを得なくなる。時には対象を完全に表現できていないのではないかという、表現者自身にためらいや迷いが生じることもあると言ってもよいかもしれない。そこに読み手と書き手の乖離が生ずる場合も充分考えられるであろう。

右の文における「寸紙」についても、書くための素材としての僅かばかりの紙なのか、書き遺された僅かばかりの作品としての紙なのか。作品として遺された紙も材料として使う紙も紙には変わらないのであるから、「紙」と表現することは一向に差し障りはない。「人」という言葉が、あるべき人間としての「人」を表す場合と種としてのヒトを表す場合とも「人」で表すのと同じであろう。そうした用例は漢文ではいつもお目にかかることである。

このように考えてみると、「寸紙」は人々が宝とするような作品として遺された紙ではなく、張伯英が書こうとして使う紙であると考えた方が理解しよいのではなかろうか。つまり、「寸紙不見遺」は、紙を見つければ、ちょっとした紙切れでも草書を書いていた、ということを表現していると考えた方が妥当というか説得力をもつように思うのである。

ここまで考えてくると、「不暇草書」をどう読み解くかということにも一定の方向性が見えてきて、「草書を書く暇がなかった」と解釈しては意味が通じなくなる。ここでも暇がなかったのは、書き手の張伯英なのか、あるいは草書の側なのか、というように考えてみることができるのではなかろうか。敢えて訓読すれば、「怱怱として草書に暇つかせず」あるいは「草書に暇あたへず」と読むことができ、むしろ張伯英は草書を書くことに寸暇を惜しんで打ち込んでいたということになる。ちょっとした紙でも見つければそれに草書を書いていたのである。だから作品としての「寸紙」がまた今の世になっても忘れられて遺されることなく貴ばれている、ということではなかろうか。その意味では「寸紙」は意味の上で両価性を担わされていると言うことができよう。

再度まとめておくと、当該の箇所は「悤悤として草書に暇つかせず、寸紙も遺《すて》られずと号す」と読むことによって合理性が担保できるのではないかと考えるのである。注2

乙　読「春秋の郭公について」

冒頭に引用した宮崎市定博士には「春秋の郭公について」と題する昭和五十二（一九七七）年発表の論文がある（全集第五巻所収、三八二から三九〇頁）。

論文の趣意は、「原文が含む闕誤の箇所は、正に地質研究における断層の露出箇所に相当する。古典における闕誤の存在は、単に解釈を目的とする信奉者にとっては、迷惑極まる瑕瑾であるが、古典を批判的に研究しようとする者にとっては、正に天が与えた秘鑰である。この僅かな隙間から内部の構造を垣間見ることができ、更に後人がこの間隙を補修しようとして、どんな工作を行ってきたのかの迹を辿ることもできる。」という所にあって、「経伝ともに破綻のある箇所を選んで、そこからメスを入れて、経の実体に触れようと試み」られ、「春秋経において利用することの出来る傷痕は僅かに一箇所であった」とされて、春秋経荘公廿四年所載の「赤歸于曹郭公」の記事が取り上げられて論が展開され、最後に春秋経と三伝の特徴が指摘されている。

理系の分野はいざ知らず、文系の学術論文には賞味期限がないと考えるのが普通であろう。だから碩学大家の全集が刊行されたりするのであろうが、わざわざ宮崎博士の論文をここで取り上げたのは、大家碩学にも迂闊な勘違いと検索漏れがあるということを発見していたからである。勿論この世に完璧な存在はない。不完全な存在であることそれ自体が完全性の証左であるとも言えるのであるが。ことほど然様に古典を読み解くことは厄介な所行であるということの証の一例と考えたからでもある。

『公羊伝』は独特の論理体系をもち、何休は屈折した論理を展開して独自の注釈を試みていてこれまた難渋な漢文である。のみならず、春秋三伝は、後世の春秋経に向き合って独自の伝を張った人も含めて、各々の立場から春秋経に託されている孔子の筆法の背後に隠されている意味すなわち微言大義を法則化凡例化して読み取ることに腐心しているのである。

右に取り上げられている六字「赤歸于曹郭公」は間違いなく春秋経の文である。だからこそ伝者はどのようにこれを読むかということで頭を悩ませたのである。従って、この六字の経文を当該の論文のように

公羊伝はこれを、

赤（人名）、曹に帰す。郭公なり。

と読んだ

というようには、公羊伝は読んだとは言えないのではなかろうか。「赤歸于曹」と「郭公」とを一連の事件の記事であると捉えて、「郭公なり」と読むと経が経を説明していることになってしまう恐れがあり、経と伝との混同になる。春秋経には、経が経を説明解釈することはないとの基本的前提があるからこそ春秋学が成り立つ。一連の事件の記録として捉えているからこそ、公羊伝は一つの読み方として、

赤　曹に郭公に帰す。

と読んでいるのではなかろうか。その後に屈折した伝を張らざるを得なかった所以である。従って、論文が指摘するように「そんなら何故これを、郭公の赤、曹に帰す。と書かないで、先ず赤という名を出し、あとで郭公と附け足したかが問題である」という疑問は、春秋経に対しては成り立つであろうが、公羊伝に対しては成り立たない。むしろ「郭公赤歸于曹」と書いてないことから公羊伝の解釈やそれに基づく何休の注釈が出発しているのである。あたかも日本国憲法が集団的自衛権の問題に言及していないことによって、第九条に対する多様な解釈を許す要因になっているように。

ここの公羊伝をどのように読み、何休の注や徐疏をどのように読むかはまた一つの課題であろう。

荘公廿四年の当該の公羊伝の全文を挙げれば以下の通りである。

赤者何、曹無赤者、蓋郭公也、郭公者何、失地之君也、

何休の注を度外視して右の伝を訳せば、

赤とは何者か。曹には赤という名の人物はいない〔から〕、郭公のことであろう。〔ではその〕郭公というのはどのような人物なのか。領地を逐われた（ために曹に亡命してきた）君主である。

ということになるだろう。そして公羊伝をもう少し敷衍して理解すると次のように読むことに異論はないであろうと思う。

曹の国には、一定の地位ある人の中に赤という名で呼ばれている人物は存在しないので、この赤というのは曹国以外の人間であって、他の伝承・伝聞等から郭公がそれにあたると推定される。郭公は本国を逐われて曹に亡命してきた国君である。

この伝に基づいて経を読むと、公羊伝は赤と郭公が同一人格であると見なしていることは共通理解しうる。問題は「赤　曹に郭公に帰す」と読むこと、すなわち赤が同一人格たる郭公に帰したということをどのように理解するかということである。通常の論理では説明し難い。人格の分裂を問題にしているわけではなかろうが、そうした問題まで考えさせるのである。そうしたことまで考えつつ更に考えを押し詰めてみると、

「赤者何、曹無赤者」

については、一応右のように訳してみたが、熟考すれば、この「赤者何」という表現には、「赤とは何者か」という問いとともに、「赤と名だけ露骨に挙げている書き方はどうい

う意味をもっているのか」という問いまでが用意されている、とも解することができよう。そして「蓋し郭公ならん」と爵位が書かれていることで、、同一人格における名と爵位を分離させた筆法の問題が浮かび上がってくるのである。爵位すなわち社会的地位や身分と人格の関係は如何なるものであるのかとの問題まで掘り下げて考えることが求められているとも言えよう。そして、郭公は「失地の君」だと烙印を押されている。

これを名と実の問題として捉え返せば、革命是認を説いた孟子の殷紂に対する評価と繋がってくるのではなかろうか。孟子は次のように言う。

齊宣王問曰、湯放桀、武王伐紂、有諸、孟子對曰、於傳有之、曰、臣弑其君可乎、曰、賊仁者謂之賊、賊義謂之殘、殘賊之人謂之一夫、聞誅一夫紂矣、未聞弑君也、

（梁恵王下篇）

一夫としての赤と国を逐われたとはいえ、まだ国君の地位に居て時期が来れば復帰することも叶わぬことではないとの意識を本人は持ち続けていて、状況次第ではそうした可能性が皆無とも言えないことが「郭公」という表現に託されているのだと読むことができるのである。現代でも亡命した最高権力者が故国に復帰した事例は幾らでもある。また新しい権力者と亡命した権力者とどちらを外交上の正式な相手とするかは問われることである。曹が郭公の祖国とどのような外交関係を結んだのか、郭公にとって代わった国君を正式な国君として認めたかどうかは不明であるが、かかる問題をも考えさせるような経文の

仕掛けなのである。このような点にまで分け入って解釈を試みようとしているのが公羊伝であり、何休であり、徐彦などの公羊学者だと言えよう。

だから、「これには公羊伝の再注釈である漢の何休の注も、唐の徐彦の疏も、あまりはっきりした見解を示さない。何休の注はこの郭公赤を戎に侵入された曹伯の場合と比較しようとして、反って解釈を混乱させた嫌いがある。」（全集五　三八三頁）との論述は、何注や徐疏などの試みようとしている意図を汲んでいないとも言えるのである。

何休の注は、恐らく次のように読むのであろう。

地を失ふとは、出奔なり。名いひて歸と言ひ、郭公を倒して赤の下に置く者は、曹伯戎の殺す所と爲るを起さんと欲す、故に曹伯死して之に謚して郭公と爲して、赤微者にして自ら曹に歸すが若から使むるなり。赤の出奔を言はざる者は、微者の例に從へば、出奔を錄するを得ざるなり。

この経文即ち「赤歸于曹郭公」の前に、

冬、戎侵曹、曹羈出奔陳、

との経があり、この国難で曹伯が卒したのだという理解で何休が注していることは明白である。

「赤」と名だけが書かれて、「郭公」が「赤」の下に倒置されているのは、曹伯が戎に殺されたことを表わそうとしてであって、それで曹伯の謚を〔形式上〕郭公だとして、赤が微賎な人物で自らの力で〔勝手に〕曹に身を寄せたように経文は書いているのだというのが、何休の理解である。

「郭公」というのは、事実としては赤の爵号であるが、倒置させた書法は曹伯の死を象徴させていて、その謚があたかも郭公であるかのような意味を附与せしめている、と捉えてみせることによって、死者に身を寄せることは事実としてはあり得べからざることであるので、曹の混乱状況に乗じて郭公赤は自らの力で曹にまんまと亡命することができ、亡命先で郭公という身分と処遇を受けている、というのが何休の解釈である。これを承けて徐疏は「寧ぞ其の奔るを得て、正に赤帰于曹（赤　曹に帰す）と言道《い》ふを得んや」と敷衍して説明している。だから、この何休の注に従えば、岩本憲司氏も指摘するように、『赤、曹の郭公に帰す』とも讀める、ということである。」（『春秋公羊傳解詁』一五二頁）ということになるのである。

詰まるところ、「赤帰于曹郭公」の経文六字は、公羊学の立場では、一貫して一句として読んでいて、「赤　曹に郭公に帰す」と読むこともでき、「赤　曹の郭公に帰す」とも読み得るということである。「公羊伝は強引な態度で、無理な解釈を押し通そうとした所がある。」（全集五　三九〇頁）と言うのは、公羊伝の立場を聊か歪めた論証に基づく評価ではないかと思えるのである。

春秋学の観点から言えば、この「赤帰于曹郭公」の書法に触発されてもっと論及すべき問題もあるが、紙幅の関係もあって次の問題点に言及したい。

この全集五には、博士の自跋があり、訂正の文もないので恐らく博士ご自身も気づかずに自説の論証に間違いなしとされたままだったのであろうと推察するが、論証の過程で春秋学から言えば初歩的誤謬というか、今様に言えば、検索漏れをされている箇所がある。「宋の邢凱の坦斎通編の説を紹介しよう。」（同上　三八五頁）として引用している文章の誤読である。

『坦斎通編』[注3]の「春秋に、夏五郭公、と書す。人皆闕文と為す。夏五は固より疑う可き無し。」（同上　三八六頁）の「夏五」の二字に対して、「ところが、此に引いた一節は、頗る不精核な個処を含んでいる。先ず、春秋経文で、郭公の二字のすぐ上が、夏五月に接しているように書かれたのは甚だおかしいので、夏五月の句はこの前後に見当らない。」（同上）との説明がなされている。

ここで邢凱が例として挙げている「夏五」は、荘公廿四年の「赤歸于曹郭公」とは全く関係がなく、桓公十四（前六九八）年の経文なのである。桓公十四年の経文の当該の箇所を示せば左の通りである。

十有四年、春正月、公會鄭伯于曹、無冰、夏五、鄭伯使其弟語來盟、
この「夏五」は「夏五月」とあるべきだということについて、邢凱は「人皆闕文と爲す。夏五は固より疑う可き無し。」と言っているのである。

公羊伝もこの「夏五」について、次のような伝を張っている。

夏五者何、無聞焉爾、

「夏五」が桓公十四年の経文であることを確認されていたら、公羊伝に対する評価のみならず、また異なった論証を展開されていただろうと思われる。

九十九パーセント「夏五月」としてよいところであるが、公羊伝は、敢えて経文に闕けている「月」の字を補って解釈しようとせず、「聞く無きのみ」と言うのみで、「子夏の徒、一辭も賛する能はざる」春秋経の権威と価値とを保たせているのである。苟も「月」を修補すれば、子夏の徒すらできなかったことをしてしまうことになり、他の経文にすら疑いの目を向けられてしまう危うさを遺す原因になる。権威の絶対化をこのようにして担保してきたということができるとともに、権威とはそもそもどのようにして形成されるのかという課題を提起しているとも言えるであろう。容易に修正補修し得るような権威や価値は絶対的権威たり得ないという立場に立つか、はたまた修正される所に価値が確立され、そのことが新しい権威や価値を形成するという命題を追い続けるのかという問題を考えさせるのである。このように二重の仕掛けを絶えず設けている所に中国的思惟の基本的特質が見て取れるのではなかろうか。

注

（1）引用部分の後に以下のような説明がある。

「同大（ミシガン大）の欧州系米国人と中国人留学生の大学院生計約五〇人に対し、動物や飛行機など一個の対象物がある画像を約三秒間ずつ見せ、目の動きや画像から得た情報量を調べた。その結果、中国人留学生の方が背景に目を止めた回数が多く、ゆっくりと全体を見渡す目の動きをしていた。」「これに対し、米国人学生は対象を凝視する傾向があり、対象物を見つめていた平均時間が中国人留学生より約〇・一秒長かった。」「同じ研究者が日本と共同で行った同様の実験でも、米国人に比べて、日本人の方が、背景情報を約六〇％も多く認知していた。」「こうした違いは、周囲のことをあまり気にしない欧米人と、調和を重んじるアジア人の行動傾向とも一致することから、研究チームは〈かんがいや農作業を組織的に行う稲作など、歴史や文化と深い関係があり、両者の違いの始まりは二〇〇〇年以上前にまでさかのぼるはず〉と推定している。」（二〇〇五年八月二十四日　ＹＯＭＩＵＲＩ　ＯＮＬＩＮＥ）

（2）かかる表現はどうも文章表現としての漢文特有の性質ではなくて、日本語の表現にも見られるようで、次のような用例が示されている。

格助詞「に」の使い方に関して、「三上文法入門」と副題をつけた『日本語基礎講座』（四四・四五頁　ちくま新書　二〇〇三年）で著者の山崎紀美子氏は次のような用例を挙げて説明する。

太郎に金を貸す。

太郎に英語を教える。

太郎に辞書をやる。

これが与格です。英語における間接目的語に当たります。さらに、「Xに」は、逆方向にも使用されています。こちらは奪格になります。

太郎に金を借りる。（太郎から金を借りる。）

次郎に英語を教わる。

次郎に辞書をもらう。

ふだん気にもせず使っている「に」ですが、言われてみると、与格と奪格では方向が反対、つまり運動の終点になるものと起点になるものとを示しています。よくも間違えないで、使っているものだと、感心してしまいます。


素人の生兵法でとんでもない処方箋を書いているかもしれないが、「貸す」ことと「借りる」こと、「教える」ことと「教わる」こと、「やる」ことと「もらう」こととは、いずれも事象の両面である。終点は起点でもあり、起点は終点でもあるので、この両価性を「に」に担わせているとも言えるのではなかろうか。

「応接に暇あらず」は、来客がひっきりなしであることを表現する用例である。この用例については塘耕次氏のご示教に与った。
（3）邢凱の『坦斎通編』はテキストが何種類かあって、この論文で引用されている条目は『説郛』

所収の『坦斎通編』に基づくものだと思われる。文淵閣四庫全書本やこれに拠った守山閣叢書本にはこの条目は採られていない。

『論語集注』聖人論の思惟

はじめに

『論語』の代表的注釋書の一つである『論語集注』（以下『集注』と略す）で指摘される特徴の一つとして、孔子の神格化が擧げられる。『集注』の言葉に即して言えば、孔子聖人説である。そして、釋迦が生まれ落ちたときに天上天下唯我獨尊と稱したという傳説に類似させるように孔子は生まれながらしての知者（聖人）であったと解釋する。孔子の絶對化でもある。そうした解釋の據ってくるところを分析して朱子を初めとした『集注』の思惟の特質を追ってみたいというのが本稿の目指す課題の一つである。この課題を考察するに當って密接な關連があると考える中國的思惟の特質の一つである相即の論理についても考察の對象としている。

この二つの課題を追求するに當って取り上げたのは、「爲政篇」の以下の章句に對する『集注』の解釋である。この章句は、孔子自身が七十年の生涯を回顧して人生の節目毎に自己の學問と思想形成の過程を述懐する言葉である。この章句に対する『集注』の解釋を考察すると『集注』の思惟の特質が見られるように思われるからである。

一

以下の章句は、『論語集注』では「爲政篇」の第四章として章立てされている餘りにも有名な言葉である。

以下に本文及び『集注』の原文と訓讀文を擧げておく。なお、本文は太字で表し、『集注』は通常の字體で表記している。訓讀文は、本文と『集注』とを別個にした。

子曰、吾十有五而志于學、
古者十五而入大學。心之所之謂之志。此所謂學、即大學之道也。志乎此、則念念在此而爲之不厭矣。
三十而立、
有以自立、則守之固而無所事志矣。
四十而不惑、
於事物之所當然、皆無所疑、則知之明而無所事守矣。

五十而知天命、

天命、即天道之流行而賦於物者、乃事物所以當然之故也。知此則知極其精、而不惑又不足言矣。

六十而耳順、

聲入心通、無所違逆、知之之至、不思而得也。

七十而從心所欲、不踰矩。

從、如字。從、隨也。矩、法度之器、所以爲方者也。隨其心之所欲、而自不過於法度、安而行之、不勉而中也。程子曰、孔子生而知之也、言亦由學而至、所以勉進後人也。立、能自立於斯道也。不惑、則無所疑矣。知天命、窮理盡性也。耳順、所聞皆通也。從心所欲不踰矩、則不勉而中矣。又曰、孔子自言其進德之序如此者、聖人未必然、但爲學者立法、使之盈科而後進、成章而後達耳。胡氏曰、聖人之教亦多術。然其要使人不失其本心而已。欲得此心者、惟志乎聖人所示之學、循其序而進焉。至於一疵不存、萬理明盡之後、則其日用之間、本心瑩然、隨所意欲、莫非至理。蓋心即體、欲即用、體即道、用即義。聲爲律而身爲度矣。又曰、聖人言此、一以示學者當優游涵泳、不可躐等而進、二以示學者當日就月將、不可半途而廢也。愚謂聖人生知安行、固無積累之漸、然其心未嘗自謂已至此也。是其日用之間、必有獨覺其進而人不及知者。故因其近似以自名、欲學者以是爲則而自勉、非心實自聖而姑爲是退託也。後凡言謙辭之屬、意皆放此。

子曰はく、吾十有五にして學に志し、

古者十五にして大學に入る。心の之く所之を志と謂ふ。此こに謂ふ所の學は、即ち大學の道なり。此に志せば、則ち念念此に在りて之を爲して厭はず。

三十にして立ち、

以て自立する有れば、則ち之を守ること固くして志を事とする所無し。

四十にして惑はず、

事物の當に然るべき所に於いて、皆疑ふ所無ければ、則ち之を知ること明らかにして守るを事とする所無し。

五十にして天命を知り、

天命は即ち天道の流行して物に賦する者なれば、乃ち事物當に然るべき所以の故なり。此を知らば則ち知ること其の精を極はめて惑はざること又言ふに足らず。

六十にして耳順ひ、

聲入れば心に通じ、違逆する所無し。之を知ることの至りにして、思はずして得るなり。

七十にして心の欲する所に從ひて、矩を踰えず、と。

從は字の如し。從は、隨なり。矩は、法度の器、方を爲す所以の者なり。其の心の欲する所に隨ひて、自ら法度を過ぎず、安じて之を行ひ、勉めずして中るなり。程子曰はく、孔子は生れながらにして之を知るなり。亦た學に由りて至ると言ふは、後の人を勉め進める所以なり。立つとは、能く自ら斯の道に立つなり。惑はざるは、則ち疑ふ所無きなり。天命を知るは、理を窮はめ性を盡すなり。耳順ふは、聞く所皆通ずるなり。心の欲する所に從ひて、矩を踰ゑざるは、則ち勉めずして中るなり。又曰はく、孔子自ら其の德を進むるの序を言ひて此くの如くする者は、聖人は未だ必ずしも然らざるも、但だ學ぶ者の爲めに法を立て、之をして科《あな》を盈たして而る後に進み、章を成して而る後に達せ使むるのみ。胡氏曰はく、聖人の教亦術多し、然れども其の要は人をして其の本心を失はざら使むるのみ。此の心を得んと欲する者は、惟だ聖人示す所の學に志し、其の序に循ひて進むのみ。一疵存せず、萬理明らかに盡くるの後に至れば、則ち其の日用の間、本心瑩然として、意の欲する所に隨ひて、至理に非ざるは莫し。蓋し心は即ち體、欲は即ち用、體は即ち道、用は即ち義にして、聲は律と爲りて身は度と爲る。又曰はく、聖人此を言ふは、一は以て學ぶ者當に優游涵泳として、等を躐ゑて進む可からざるべきを示し、二は以て學ぶ者は當に日に就り月に將むべくして、途を半ばにして廢す可からざるべきを示すなり。愚謂へらく、聖人は生れながらにして知り安んじて行ひ、固より積累の漸無し。然れども其の心未だ嘗て自ら已に此に至ると謂はざるなり。是れ其れ日用の間、必ず獨り其の進むを覺えて人の知るに及ばざる者有り。故に其の近似に因りて以て自ら名づけ、學ぶ者是を以て則と爲して自ら勉めんことを欲して、心實に自ら聖として姑く是が退託を爲すには非ざるなり。後の凡そ謙辭を言ふの屬は、意皆此に放ふ。

『四書集注』、とりわけ『論語』のそれは、初學入門の書であるとともに、味讀すればするほど、考え抜かれた注であって、ある意味では注を越えて自らの思索と思想を凝縮した文言によって表現していると評することも出來る著述であろう。朱子學の全體像を理解している專門の朱子學研究者から見れば、異論を挾まれ、稚拙だとの批判を蒙るかも知れないが。

朱子の思惟の根本をどこに求めるのか。朱子の思想全體を把握しているわけでもないので的外れな見解との譏りを免れ難いが、朱子の思惟と學問の根本は、次の言葉に盡きるのではなかろうか。

讀書無疑者、須教有疑、有疑者、却要無疑（書を讀むには疑ひ無き者は、須く疑ひ有らしむるべく、疑ひ有る者は、却って疑ひ無きを要す）

（朱子語類巻十一、學五、讀書法下）

思惟の根本を絶對的懷疑つまり懷疑の相對化に置いていると言える朱子が何故孔子の聖人性について「生知安行」と評し、絶對的人格としての聖人説を説くに至っているのか、これまた考えて見るべき課題ではなかろうか。

二

かかる問題を考える前に、この章句に對する『集注』の獨斷や偏見を指摘して対峙的批判的に解釋している、つまり『論語』の孔子の言葉に即して解釋しようとする代表的注釋書である伊藤仁齋の『論語古義』、荻生徂徠の『論語徵』、及び程樹徳の『論語集釋』の見解を取り上げて、『集注』の解釋の特異性と比較させておこう。煩瑣になることを厭わず全文を引用することとする。

伊藤仁齋の『論語古義』は以下の通りである。注1

子曰、吾十有五而志于學。

堯舜禹湯文武周公治天下之大經大法、謂之道。志於學者、欲以其道修己治人、爲天下開太平也。

堯・舜・禹・湯・文・武・周公　天下を治むるの大經大法、之を道と謂ふ。學に志すとは、其の道を以て己を修め人を治め、天下の爲めに太平を開かんと欲するなり。

三十而立。

立者、自立于道也。學既爲己有、而不爲利祿邪説所變移搖動也
立つとは、自ら道に立つなり。學既に己が有と爲りて、利祿邪説の變移搖動する所と爲らざるなり。

四十而不惑。

不惑、謂心之所思欲、自得其理、而不惑於是非之間也。後篇曰、既欲其生、又欲其死、是惑也。又曰、一朝之忿、忘其身以及其親、非惑歟。照此二語、則自曉惑字之義。

惑はずとは、心の思ひ欲する所自ら其の理を得て是非の間に惑はざるを謂ふなり。後篇に曰はく、既に其の生きんことを欲して、又其の死せんことを欲するは、是れ惑ひなり。又曰はく、一朝の忿に、其の身を忘れて以て其の親に及ぼす、惑ひに非ざるか。此の二語に照らせば、則ち自ら惑ふ字の義を曉る。


五十而知天命。

天者、莫之爲而爲。命者、莫之致而至。皆非人力之所能及。惟善可以獲乎天、惟德可以膺乎命。知此則務於自修、而不萌一毫希望之心。此智致其精、而學到至處也。

天とは、之を爲す莫くして爲す。命とは、之を致す莫くして至る。皆人力の能く及ぶ所に非ざるなり。惟だ善のみ以て天を獲る可く、惟だ德のみ以て命を膺《う》く可し。此を知れば則ち自ら修むるに務めて、一毫の希望の心を萌さず。此れ智其の精を致して、

學至處に到るなり。

六十而耳順。

耳順者、毀譽之來、耳受而不逆也。言向也雖已知天命、然毀譽之入于耳、猶有所礙。然到此、則一切漠然不覺其入也。

耳順ふとは、毀譽の來るも、耳受けて逆らはざるなり。言ふこころは向きに已に天命を知ると雖も、然れども毀譽の耳に入るや、猶ほ礙る所有り。然れども此こに到れば、則ち一切漠然として其の入るを覺らざるなり。

七十而從心所欲不踰矩。

矩、法度之器、所以爲方者也。雖隨其心之所欲、而自不過於法度。蓋聖而不可知之境、道與我一也。

矩は、法度の器、方を爲る所以の者なり。其の心の欲する所に隨ふと雖も、而れども自ら法度を過ぎず。蓋し聖にして知る可からざるの境にして、道と我と一なればなり。

此夫子自陳其平生學問履歴、以示人也。失（先の誤り）言其志于學者、蓋言雖聖人之資、必待學問、然後有所至。以歸功於學問也。自立而至於不踰矩。是其效也、夫聖人生知安行、而其有階級者、何哉。道之無窮、故學亦無窮。唯聖人極誠無妄、日新不已。自少到老、自不失其度。故能覺其進、而自信其然。蓋人之於一生、自少而壯、而

老。年到于此、則其智自別。雖聖人之資、不能無老少之異焉、則又不能無老少之別。猶天之有四時、自春而夏、而秋而冬、其寒燠溫涼、自應其節。此即聖人生知安行之妙、而所以與天地合其德、與日月合其明、與四時合其序也。徒曰爲學者立法者非矣。此れ夫子自ら其の平生學問の履歴を陳べ、以て人に示すなり。先ず其の學に志すを言ふ者は、蓋し言ふこころは聖人の資と雖も、必ず學問を待ちて、然る後に至る所有り、と。以て功を學問に歸するなり。立つ自りして矩を踰ゑざるに至るまでは、是れ其の效なり。夫れ聖人は生知安行にして其の階級有る者は、何ぞや。道の無窮なる、故に學も亦無窮なり。唯だ聖人は極誠にして無妄、日に新にして已まず。少自り老に到るまで、自ら其の度を失はず。故に能く其の進むを覺りて、自ら其の然るを信ず。蓋し人の一生に於ける、少自りして壯に、而して老ゆ。年此に到れば、則ち其の智自ら別なり。聖人の資と雖も、老少の異無きこと能はざれば、則ち又老少の別無きこと能はず。猶ほ天の四時有り、春自りして夏あり、而して秋あり而して冬あり、其の寒燠溫涼、自ら其の節に應ずるがごとし。此れ即ち聖人生知安行の妙にして、天地と其の德を合し、日月と其の明を合し、四時と其の序を合する所以なり。徒に學者の爲めに法を立つと曰ふ者は非《ひ》なり。

論曰、孟子既歿、斯道不明乎天下。世儒之所講求者、不過訓詁文字之間。及宋氏興、鉅儒輩出、崇正黜邪、漢唐之陋、爲之一洗。其功固偉矣。然當時禪學盛行、以其遺説解聖人之旨者、實爲不少。於是專貴一心、而以明鏡止水爲修身之極功。胡氏云、一疵不存、萬理明盡、隨所意欲、莫非至理、是也。夫操則存、舍則亡。出入無時、莫知其鄉。心之不可恃、而不可不道以存之如此。故夫子之聖、猶至七十、始曰、從心所欲、不踰矩。蓋聖德之至、從容中道、而非一疵不存、萬理明盡之謂也。

論じて曰はく、孟子既に歿して、斯の道天下に明らかならず。世儒の講求する所の者は、訓詁文字の間に過ぎず。宋氏興るに及び、鉅儒輩出し、正を崇び邪を黜け、漢唐の陋、之が爲めに一洗せらる。其の功固より偉なり。然れども當時禪學盛行し、其の遺説を以て聖人の旨を解する者、實に少からずと爲す。是に於いて專ら心を一にするを貴びて、明鏡止水を以て修身の極功と爲す。胡氏云ふ、一疵すら存せず、萬理明盡すれば、意欲する所に隨ふも、至理に非ざるは莫し、と、是なり。夫れ操れば則ち存し、舍けば則ち亡ぶ。出入時無く、其の鄉《むか》ふを知る莫し。心の恃む可からずして、道以て之を存せざる可からざること此くの如し。故に夫子の聖、猶ほ七十に至り、始めて曰はく、心の欲する所に從ひて、矩を踰ゑず、と。蓋し聖德の至れるは、從容たる中道にして、一疵すら存せず、萬理明盡するの謂ひに非ざるなり。

仁齋の主眼は、『集注』の解釋には思想性があったことを評價しつつ、その思想性は禪學の思想を融合させていて、孔子の本來の思想理解に馴染まないとし、最後に説かれている「聖德の至れるは、從容たる中道」にこそ孔子の思想の眞骨頂があるという點にあるであろう。

荻生徂徠の『論語徵』は以下のように解釋する。注2

古者十五而入大學。或曰十三。大概言之耳。蓋男子二八而精通、有爲人父之道。當是時、士大夫之子志爲士大夫、農工商賈之子志爲農工商賈。其無志者亦衆。廼如昭公十九有童心是。志者、其心所專注也。志于學云者、孔子在學而有所志也。三十而受室受田、始稱一夫。前是則餘夫也。是雖庶人、尚有所成立也。孔子之立、謂學之成也。四十曰強、仕。出謀發慮、非不惑則何以能爾。不惑云者、莫有爲所惑亂也。五十命爲大夫、五十而爵。以行先王之道於其國。

學之效、至是而極矣。然五十始衰。故自此之後、不可復有所營爲。故五十而爵不至、有以知天命也。孔子又曰、知我者其天乎。知天之命我以先王之道傳於後也。六十而耳順、言天下莫有逆耳之言也。然彼豈無逆耳之言乎。我之不以爲逆也。故曰耳順。蓋聖人能盡人之性、故人雖有逆耳之言、其心以爲彼之過不亦宜乎。是雖常人、其當事不怒、唯老成人爲然。亦以可窺聖人焉。傳曰、七十貳膳、杖於國、不俟朝、不與賓客之事、致政、唯衰麻爲喪。此雖先王養老之制、然老者所以受異數而自安者、爲其精神筋力皆衰故也。故老後放縱、人之常也。孔子七十、從心所欲、亦放縱耳。秖其不踰矩、所以爲聖人也。不踰矩、猶之大德不踰閑。閑以防閑。言其大者也。矩者、法度之器、言其精也。是皆孔子所自言、亦常人所能、聖人豈遠人而爲道。宋儒之解、過乎高妙。所以盭聖人之道而流乎佛老也。

古者十五にして大學に入る。或ひは曰く、十三、と。大概にして之を言ふのみ。蓋し男子二八にして精通し、人の父爲るの道有り。是の時に當たり、士大夫の子は志して士大夫と爲り、農工商賈の子は志して農工商賈と爲る。其の志無き者は、亦衆し。迺ち昭公十九にして童心有りの如き是なり。志とは、其の心の專ら注ぐ所なり。學に志すと云ふ者は、孔子學に在りて志す所有るなり。三十にして室を受け田を受け、始めて一夫と稱す。是より前は則ち餘夫なり。是れ庶人と雖も尚ほ成立する所有るなり。孔子の立つは、學の成るを謂ふなり。四十を強と曰ひ、仕ふ。謀を出し慮を發し、惑はざるに非ざれば、則ち何を以てか能く爾せん。惑はずと云ふ者は、惑亂する所と爲ること有る莫きなり。五十にして命ぜられて大夫と爲る。五十にして爵あり。以て先王の道を其の國に行ふ。

學の效、是に至りて極まれり。然れども五十始めて衰ふ。故に此れ自りの後、復た營爲する所有る可からず。故に五十にして爵至らず、以て天命を知る有るなり。孔子又曰はく、我を知る者は其れ天か、と。天の我に命じて先王の道を以て後に傳へしむるを知るなり。六十にして耳順ふは、天下耳に逆らふの言有る莫きを言ふなり。然れども彼豈に耳に逆らふの言無からんや。我之れ以て逆らふと爲さざるなり。故に耳順ふと曰ふ。蓋し聖人は能く人の性を盡くす、故に人の耳に逆らふの言有ると雖も、其の心以て彼の過つは亦た宜ならずや、と爲す。是れ常人と雖も、其の事に當たりて怒らざるは、唯だ老成の人のみ然りと爲す。亦以て聖人を窺ふ可し。傳に曰はく、七十は膳を貳にし、國に杖つき、朝を俟たず、賓客の事に與からず、政を致す、唯だ衰麻には喪を爲す。此れ先王養老の制と雖も、然れども老者異數を受けて自ら安んずる所以の者は、其の精神筋力皆な衰ふるが爲めの故なり。故に老後放縦なるは、人の常なり。孔子七十、心の欲する所に從ふも、亦放縦のみ。秖だ其の矩を踰えざる、聖人爲る所以なり。矩を踰えずとは、猶ほ之れ大徳は閑を踰えざるがごとし。閑以て防閑す。其の大なる者を言ふなり。矩とは、法度の器、其の精なるを言ふなり。是れ皆孔子自ら言ふ所なるも、亦常人の能くする所なり。聖人豈に人を遠ざけて道を爲さんや。宋儒の解、高妙に過ぐ。聖人の道に盭《そむ》きて佛老に流るる所以なり。

仁齋と徂徠の所説は、上記に引用した通りである。兩者の解釋は、次のように整理要約できるだろう。

徂徠は、孔子という歴史的實在としての個人つまり個別性に焦点を絞って理解している、と言えるだろう。これに對して、仁齋は、個別的存在者としての孔子を意識しつつも、理念的存在としての聖人の普遍的價値を無視していない所が注目される。

個人の到達した人格の個別性に普遍性を託そうとしているのが徂徠であり、聖人なる普遍的價値に照らして個別性の價値を歸納しようとしているのが仁齋の解釋だと言い換えることも出來るだろう。
土田健次郎氏は「本章は孔子が自分の来し方をふりかえった語であるが、ここの解釈に朱子、仁斎、徂徠の孔子観、聖人観の差がよく出ている。朱子は聖人を生まれながらにして完璧な存在とするが、仁斎はそれを否定しながら聖人を無限に向上していく存在とし、徂徠は聖人にも普通の人間と同じ成長と老衰の軌跡があるとする。また官僚としての孔子の履歴をここに読み込もうとしているのも徂徠らしい」と解説している。[注3]
土田氏と同じような理解は、『論語集釋』[注4]にも見られ、仁齋や徂徠ともまた異なった視點での獨自の解釋が収錄されている。（句読點は引用者による）

李威「嶺雲軒瑣記」論語吾十有五章　集注程朱二説皆極可異。程云、孔子自言其進德之序。爲此者聖人未必然、但爲學者立法、使之盈科而後進、成章而後達耳夫自志學以至心所欲不踰矩、此豈人人之定法、又必人人十年而一進、恐世間無印板事。是惟夫子親身自驗、故能言之。其發端一吾字斷非誑語、乃以爲未必然、不知其何所見。朱云、聖人生知安行、固無積累之漸、然其心未嘗自謂已至此也。是其日用之間、必有獨覺其進而人不及知者。故因其近似以自名、非心實自聖而姑爲是退託也。夫自志學以至心所欲不踰矩、分晰得明明白白、何得謂之近似。且已實在承當、又何嘗不自謂已至此。似此影響之談、皆由視生知之聖爲不待學、而不知聖之自有其學、非猶夫人之學也。

李威「嶺雲軒瑣記」に論語吾十有五章、集注程朱の二説皆極めて異とす可し。程云ふ、「孔子自言其進德之序如此者、聖人未必然、但爲學者立法、使之盈科而後進、成章而後達耳」夫れ學に志す自り心の欲する所矩を踰えずに至るまでは、此れ豈に人人の定法ならんや、又必ず人人十年にして一進し、恐らくは世間印板（板に印する）の事無からん（一人一人学問や成長の過程は異なるので、いちいち記録されて世間に残されることはないだろう）。是れ惟だ夫子親しく身自ら驗し、故に能く之を言ふ。其の発端の一「吾」字は斷じて誑語に非ず、乃ち以て未だ必ずしも然らずと爲さば、知らず其の何の見る所なるかを。朱云ふ、「聖人生知安行、固無積累之漸、然其心未嘗自謂已至此也。是其日用之間、必有獨覺其進而人不及知者。故因其近似以自名，非心實自聖而姑爲是退託也」と。夫れ學に志す自り以て心の欲する所矩を踰えずに至るまでは、分晰明々白々たるを得る、何ぞ之を近似と謂ふを得ん。且つ已に實に承當（聖人たることを引き受ける）に在れば、又何ぞ嘗て自ら已に此に至れりと謂はざる。此の影響の談は、皆生知の聖を視ること學を待たずと爲すに因りて、聖の自ら其の學有るを知らず、猶ほ夫の人の學のごときに非ざるに似たり。

この李氏の説を承けて、程樹德は、次のように総括している。

按、此章乃夫子自述其一生學歷。皇疏較爲得之。集注因用其師説、所言幾毫無是處。

不止如李氏所云已也。而世多稱爲直接孔孟不傳之秘、豈其然乎。按ずるに、此の章は乃ち夫子自ら其の一生の學歴を述ぶ。皇疏較や之を得たりと爲す。集注其の師説を用ゐるに因り、言ふ所幾ど毫も是なる處無し。李氏の云ふ所の如きに止まるのみならざるなり。而るに世多く稱して孔孟傳へざるの秘に直接すると爲す、豈に其れ然らんや。

と手嚴しく批判している。

この章句全體を好學の人孔子の學問と思想形成の問題として理解すれば、『論語集釋』の説くところが最も説得力を持っているといえるだろう。にもかかわらず、『集注』の解釋が何故生まれたのかということは無視できないのではなかろうか。單に佛老の思想の流を承けた結果の解釋だといえるかどうか。

人間の理想態を「聖人」と規定できるならば、そもそも聖人とはどのような存在であって、その聖人は如何にして聖人たり得るのか、言いかえれば、人間の理想態とはどのようなことをいうのかを論理的に解き明かしてみようと試みているのが『集注』の解釋ではないかと考えて見るのも意義あることではなかろうか。[注5]

そもそも上の章句は、孔子自らが自らの人格形成の過程を語ったものであることは既に述べたとおりである。言い換えれば、孔子自身は自らの人格形成には七十年の月日を要している、つまり人爲を伴っている。七十年の人生の營爲の総體が人間孔子の歸結點だったと言っているのである。その孔子について、「生まれながらにして知り、安んじて行ふ」人と解釋定義づけているのが『集注』である。この一見して相容れない考え方をどのように整合的に捉えるのか。単に文言に囚われすぎて獨斷的解釋だと言ってしまっては朱子の思惟の特質を見失ってしまうのではなかろうか。

一般化して言えば、自然と人爲との問題が隠されていると考えることができるのではなかろうか。中國思想史の語で言えば、天と人の問題と言うことも出來るだろう。

自然とは何か。古くて新しい概念である。現今の環境問題を考えてみても、詰まる所、自然と人爲の問題と理解することが出来るのだが、そのことはさておいて、「自然」を訓ずれば、「自ずから然り」となる。「自」を「おのずから」と訓ずるか、「みずから」と訓ずるかと拘ってみたいところであるが、「自」の對語は「他」であることを考えると、「自然」とは他者の力を借りたり、他の力が加えられていない状態をさす概念だと言えよう。「それ自體それ自身でそうである」と説くと同語反復の恐れがあるだろう。[注6]

他の力が及んでいない状態を自然と規定できても、他の力をどのように考えるかはまた厄介な問題である。素朴に考えてみて、自然界の事象や現象、草木一つを例に取ってみても、光、土壌、水などの他の力を借ることによって生成存在する。最も近時水耕栽培とか、特別な電光を当てて生育する植栽もあるので自然概念もより複雑化重層化していると言える。自然現象や事象のメカニズムそれ自體の何を採って自然と規定するのかは、容易ではない。個體を維持するために他物を攝取することはまた一つの自然現象である。最近は、自動車から首を出している犬や籠に入れられて移動する猫を見かけることも多いが、なべて動物の世界で移動手段に他の力を用いているのは人間だけである。他の動物は、鳥類が氣流を巧みに利用して移動するのなどを除けば、自らのエネルギーだけで場所の移動を果たしていることは言うまでもないことである。

自然とは何かを問いつめていくと、『莊子』が「始め有りと言えば、未だ始めあらざる有り」という問題を考えたのと同じ問題意識に遭遇することになろう。自然概念も同質の問題を孕んでいるといってもよいのではなかろうか。

自然概念について精緻な分析をされた恩師の森三樹三郎先生は、自然概念を無爲自然と有爲自然とに大別して規定された。[注7]

自然概念の多義性を土台にしつつ、『集注』の解釋の問題に立ち返ってみよう。

まず目に付くのは、「之を守ること固くして志を事とする所無し」、「之を知ること明らかにして守るを事とする所無し」という語句である。志つまり意志が先ずあって、意志によって知識が明らかにされると意識を働かさなくても、明らかにされたことを「自然に」守られるので守ることすら格別な「人爲」を必要としない、つまり營まれた「自然」になる。人爲と自然の循環過程を明らかにしている。これが「有爲自然」である。孔子の言葉に從って言えば、「雍也篇」の「之を知る者は之を好む者に如かず、之を好む者は之を樂しむ者に如かず」という有爲の積み重ねとしての樂しむ段階への到達點が有爲自然と同義だと言えるだろう。

此と彼、生と死、あるいは美醜などを對立概念と捉えるよりは、むしろ一つのことを規定すると自ずからもう一つ、或いはそれ以上のことを規定することが必然的に生ずる、つまり相即概念として捉えている所に中國的思惟の特質があるのではなかろうか。

分かりよい事例を執って言えば、賣買という事象である。賣る行爲と買う行爲は分けて表現しているだけで、行爲自體は二つに分けられるが、事象としては一つであって、その行爲によって派生して生ずる事象が賣る行爲と買う行爲になっているのであって、どちらか一方だけで賣買という事象は成立しないのである。このことは生死や彼此、あるいは美醜などの場合にも當てはまると言えるだろう。

彼此にせよ、生死にせよ、美醜にせよ、對立する概念として捉えられる事象や現象あるいは價値評價もそれは突然そこに降って湧いて生じる現象や事象ではないと言うことである。

『莊子』が無用の用を説いて、「夫れ地は廣くして且つ大ならざるに非ざるなり。人の用ゐる所は足を容るるのみ。然らば則ち足を廁《そばだ》て、之を墊《くだ》して、黄泉に致せば、人尚用うる有るか」(「外物篇」)と言っているのは、立っている場だけを殘して使っていない周圍の地をけずってしまう選擇、ここでは假想する意識作用つまり人爲が無用と有用とを分けることを明確に言っている。

「此」という概念が成り立つためには、「此」という事象が成立しなければならない。「此」を場所とすれば、「此」の場所を選擇して始めて「此」が成り立つ。「此」が成立して初めて「彼」が成り立つ。その點では、「彼」はそれ自體で成立する概念ではないと言えるだろう。その意味では、「此」もそれ自體で成り立つ概念ではない。「此」を選擇するという人爲（營爲）があって初めて成り立っているのである。選擇という營爲を介して、「此」が自ずから成立して、それに即して「彼」なる概念も成立するということである。彼此はそれぞれ獨立して成立し得ない。關係という視點で言えば、相即なのである。

美醜などの價値や評價に關わる場合であっても、美と醜それぞれがそれ自體で獨立して價値付けされて成立している價値概念ではない。

有無の問題についても、對立する概念でもなければ、補完しあう概念でもない。『老子』開巻第一章の「無名は天地の始めなり、有名は萬物の母なり」という言葉も有と無が相即していることを言っているのではなかろうか[注8]。

無名とは個別性をもっていないことの謂いである。天と地とは個別が規定される始原狀態のことであるから、天地の始め、即ち天と地という大別した個別性が現出するまでは名づけようがない。強いて混沌とかという形容語で概念づけられるが、名は無いのである。「萬物の母」とは、森羅萬象そのことであって、個別の總合體を表現している。從って名を有するとは個別の謂い、言いかえると個別・個性が生み出されたということになる。この場合、天地と萬物とは相即の關係にあると言うことが出來る。[注9]

上のように考えることが妥當であるとして、『集注』に即して朱子の思惟過程を改めて検討してみよう。

聖人は「生知安行」[注10]なのだから、「固より積累の漸無し」と人爲が介在していないと注するのは合理的理解にみえる。分析的に考えると、「生知安行」ならば、「固より積累の漸無し」とは言えない、聖人とて人爲の到達點ではないか、と自家撞着を指摘できる。

上で見たように、自然と人爲の関係の視點で考えると、「積累の漸」なる人爲が聖人の「生知安行」たる自然狀態を現出していることとは相即していると言っていると理解することも出來る。従って、自然と人爲が相即している關係に分け入ると、「其の心未だ嘗て自ら已に此に至ると謂はざるなり。是れ其の日用の間、必ず獨り其の進むを覺えて人の知るに及ばざる者有り」と相即の内的構造を説明する必要に迫られるのである。

「有能用其力於仁矣乎。我未見力不足者（能く其の力を仁に用ゐる有らんか、我未だ力足らざる者を見ず）」（「里仁篇」）というのは、誰しも仁者になり得る素質を備えていることを明言している。その過程が問題にされるだけである。

『莊子』の包丁の寓話は、「有爲自然」の到達點の一つの有り様を説いていて、自然と人爲の關係については、次のように言う。

臣の好む所の者は、道なり。技より進めり。始め臣の牛を解くの時、見る所牛に非ざる者無し。三年の後、未だ嘗て全牛を見ざるなり。今の時に方りては、臣神を以て遭いて目を以て視ず。官知止まりて神欲行はる。天理に依りて大郤（大きな隙間）を批し、大窾（大きなアナ）を導き、其の固より然るに因る。技　肯綮（骨と肉の入り組んで込み入っている所）を經ること未だ嘗てせず。而るを況んや大軱（大きな骨）をや。

（『莊子』「養生主」）

人爲の極地が自然に到達していて、自然と人爲が相即しているというのである。道なるものが自然と人爲を相即せしめているというのである。自然が道であり、人爲も道なのである。言い換えれば道は自然でもあり、人爲でもあるということになる。

朱子流に言えば、「積漸の累」の到達點として刃を損なうことのない技倆が自ずから備わったと言うことである。自然と人爲とが自己完結していると言ってもよいかもしれない。

朱子は、自然と人爲との相即性について、「故に其の近似に因りて以て自ら名づけ、學ぶ者是を以て則と爲して自ら勉めんことを欲して、心實に自ら聖として姑く是が退託を爲すには非ざるなり」と聖人つまり孔子を聖人ならざる者つまり孔子の段階には至っていない學ぶ者に自らを似せた、というのである。その意味では、孔子が到達した聖人への「體段」が人爲そのことであると言っているのであろう。

聖人もそれ自體で獨立して成り立つ概念ではなく、人爲に即して成り立つ概念であることを示唆しているとも言えるだろう。從って佛老の流に泥んでいるとして、「生知安行」を文字通り解釋しては、朱子の眞意を失う恐れなしとしないだろう。否、聖人の「自然性」と「人爲性」とについて苦闘していた所産が生知安行についての解釋ではなかろうか。有り體に言えば、聖人と規定すれば、そこには聖人ならざる者つまり近似者も規定されているということである。だから、「心實に自ら聖として姑く是が退託を爲すには非ざるなり」と言い得るのである。聖人と近似者とが相即しているので、退託することもないのである。「後の凡そ謙辭を言ふの屬は、意皆此に放ふ」と自ずから注することができることになる。[注11]

結び

「子路篇」に次のような言葉がある。

子路曰、衛君待子而爲政。子將奚先。子曰、必也正名乎。子路曰、有是哉、子之迂也。奚其正。子曰、野哉、由也。君子於其所不知、蓋闕如也。名不正、則言不順。言不順、則事不成。事不成、則禮樂不興。禮樂不興、則刑罰不中。刑罰不中、則民無所

錯手足。故君子名之必可言也。言之必可行也。君子於其言、無所苟而已矣。子路曰はく、衛君　子を待ちて政を爲さば、子將に奚をか先にせんとする。子曰はく、必ずや名を正さんか、と。子路曰はく、是れ有る哉。子の迂なるや。奚ぞ其れ正さん。子曰はく、野なる哉、由や。君子は其の知らざる所に於いては、蓋闕《がいけつ》如《じょ》たり。注12名正しからざれば、則ち言順ならず。言順ならざれば、則ち事成らず。事成らざれば、則ち禮樂興らず。禮樂興らざれば、則ち刑罰中らず。刑罰中らざれば、則ち民手足を錯く所無し。故に君子は之に名づけて必ず言ふ可きなり。之を言へば必ず行ふ可きなり。君子は其の言に於いて、苟くもする所無きのみ。

また、「雍也篇」では、「子曰、觚不觚、觚哉。觚哉。（子曰はく、觚觚ならざれば、觚ならんや。觚ならんや）」と孔子が言っている。

『集注』に引く程頤の注には、「觚而失其形制、則非觚也。舉一器、而天下之物莫不皆然。故君而失其君之道、則爲不君。臣而失其臣之職、則爲虛位（觚にして其の形制を失へば、則ち觚に非ざるなり。一器を擧げて、天下の物皆な然らざること莫し。故に君にして其の君の道を失へば、則ち君たらずと爲す。臣にして其の臣の職を失へば、則ち虛位と爲す）」とある。

この「子路篇」や「雍也篇」の孔子の言葉は、兩々相俟って、名實論の先驅的思惟をなすものであろう。

「名が正しくない」とは、概念が明確でないということであろうから、概念が明確でない、即ち實體が正しく名づけられていなければ、概念を規定する言葉との間に乖離が生ずる、その名を適切な言葉で表現できなくなる。概念と言葉の間に乖離が生ずると、何事も十全に成り立ち得ない、というのが、「子路篇」の孔子の言葉の言わんとする所であり、この問題を簡潔鮮明かつ的確に表現しようとしているのが「雍也篇」の言葉であろう。『集注』が敷衍して解釋しているように、名と實との問題を提起していることに相異ない。

名實論も考えて見れば、鶏が先か卵が先かの問題と同質である。

前提條件として祭禮があり、その祭禮に使用される諸種の禮器が作られて、その一つの禮器が觚と名がつけられたことには相異ない。その觚が時代の變遷と祭禮の形骸化などで變質して本來の觚とは異なってしまっているが、名だけは觚のままであることへの批判疑問が孔子の原理的名實論である。批判の對象になっている觚について、その素材に問題があるのか、形狀に問題があるのか、はたまた作り手に問題があって實と名の乖離が生じているのかは知る由もないが、孔子が、「これが觚だ」と規定していた觚と実際に使われている觚との間には許容できない變容があったことだけは間違いない。親鶏が産んだ卵も孫鶏の産んだ卵も同じく卵と名づけられるのと同質の問題が内在する所に名實論が抱える論理規定上の根本的脆弱性があると言ってもよいだろう。言い換えれば、名實論には、名と實との價値爭奪が常に伴っているということではなかろうか。實が名を超えて變容すれば、それに伴って名も變わらざるを得ない。名の側から實の變容を批判し正すことはできても、實自體を變えることはできない。實自體を變容させようとすると名にふさわしい別の實を求めることしかできなくなるのではなかろうか。子路が孔子に向かって、「迂なる哉」と反論したのは、事實つまり時代は移っていること、名との乖離が甚だしく、新たな名つまり實が求められていることを直感的に提起したかったからなのではなかろうか。

孟子が「聞誅一夫紂、未聞弑君也（一夫紂を誅するを聞くも、未だ君を弑するを聞かざるなり）」（「梁惠王」下）と喝破したのは、その名に値しない實は、新たな實によって名を實體化させるしかないと考えたからではなかろうか。價値基準や價値評價は常に轉變し、そのことを論理的に許容する必然性をもつのが名實論の論理構造ではなかろうか。論理と事實とが相即しているのである。極論すれば、論理の獨立性が保たれていないということである。『莊子』が「名者、實之賓也（名は、實の賓なり）」（「逍遥游篇」）と言っているのは、論理の脆弱性を問うてのことであろう。

名と實とが相即性を保とうとしている、名が實に引きずられないようにしようとしたのが、「經」と「權」の思惟ではなかろうか。「つね」なるもの「名」が歪み、崩れている事實は、「かり」の力が實となって強く表われているからであって、「經」それ自體は不變たらしめようとする思惟構造である。[注13]

また、『公羊傳』には「實與《ゆる》すも文與さず」という特異な考え方がある。

この「文」と「實」の問題について、恩師の日原利國先生は、『公羊傳』に即しつつ、次のようにその論理の問題を指摘されている。

> 理念と現實、たてまえと實際とを、きびしく緊張關係におきながら、しかも共存させようとする論理と解される。だが原則と例外の關係ではない。（中略）〈文・實の論〉はこれらと違う。一方を原則とし、他方を例外的に許容するのではない。一見、〈文〉―理念の強調のごとく響くが、〈文〉と〈實〉とは對等であり、並存さるべきものなのである。いやむしろ比重はより多く「實、與《ゆる》す」にかかる。[注14]

この解釋によれば、名と實とが相即する、名が實に牽引されることがつきまとう名實論に近似することになる。ただ、檢證軸としての〈文〉なる概念を提起することによって、名實論を超克しようとする思惟が見られるのではないかと思われる。換言すれば、形式に堕す懼れのある名とは異なる價値として文たる理念を明確にすることによって、現出する實は文たる理念によって絶えず檢證されることが求められるのである。名實論では名と實とは恣意的に動くので、實のありように沿って名が變じることが許容されることになる。言い換えれば、名と實の相即性が自在だとも言えるのである。

『孟子』の「道在爾、而求諸遠（道は爾《ちか》きに在り、而かるを諸を遠きに求む）」（「離婁上篇」）という言葉は、含蓄があるとはいえ、爾き所、實なる所に即して道を求める點では、道と實とを相即させつつ、現實を無視できないこととし、問題意識としては、現實に比重を置き、事實を優位に立たせていると評することは的外れな理解ではないだろう。

實と文の關係では、文を超えて實を許容しようとすると文の擴大解釋を伴う解釋に分け入ることが求められる、と考えるのが一般的に言えるのではなかろうか。實が優位に立つと文は形骸化することを免れ難い。

この文と實の論理を一般化して考えて、自然と人爲の問題として考えてみると、人爲を文とするか、自然を實とするか、はたまた、自然を文とするか、人爲を實とするか、とによって解釋も多様になる。

文と實の問題を考えると、相即關係を常に伴いながら、文にせよ、實にせよ、その解釋は多義性を伴いつつ恣意的になる。この恣意性が中國の古典的論理の特質であって、朱子の思惟もその特質を承繼していて、朱子自身の言葉ではないが、「心は即ち體、欲は即ち用、體は即ち道、用は即ち義」というのは、「心即體即道」と「欲即用即義」と定義づけているのと同じなことなのだから、「心」と「體」とによって體得される「道」と「欲」と「用」とによって顯現させる「義」とは相即していることになる。「道」と「義」は、同義的に近接して「道義」と文字通り相即する概念ともなる。この思惟と論理は、『公羊傳』が提起している「實と文」で展開されている相即の論理の延長上にあると考察することは、あながち飛躍した論證ではないだろう。その意味で、佛教哲學の思惟である「體」「用」の論理を援用してはいるが、それだけではなく、中國古來の傳統的思惟と通底する解釋がなされているのだと理解してみることもできるのではなかろうか。

この相即の問題をより補完的にするために、敢えて孔子自身の思惟にまで立ち返ってみると、『論語』の次の二つの章句は示唆に富んでいる。

> 子張問士。何如斯可謂之達矣。子曰、何哉、爾所謂達者。子張對曰、在邦必聞、在家必聞。子曰、是聞也。非達也。夫達也者、質直而好義、察言而觀色。慮以下人、在邦必達、在家必達。夫聞也者、色取仁而行違、居之不疑。在邦必聞、在家必聞。
>
> 子張士を問ふ。何如なれば斯ち之を達と謂ふ可きや、と。子曰はく、何ぞや、爾の所謂達なる者とは。子張對へて曰はく、邦に在りては必ず聞え、家に在りても必ず聞ゆ、と。子曰はく、是聞なり。達に非ざるなり。夫れ達なる者は、質直にして義を好み、言を察して色を觀、慮《おおかた》[注15]以て人に下る。邦に在りては必ず達し、家に在りても必ず達す。夫れ聞なる者は、色は仁を取りて行ひは違ひ、之に居りて疑はず。邦に在りては必ず聞え、家に在りても必ず聞ゆ、と。(「顔淵篇」)
>
> 子貢曰、如有博施於民、而能濟衆何如。可謂仁乎。子曰、何事於仁。必也聖乎。堯舜其猶病諸。夫仁者己欲立而立人、己欲達而達人。能近取譬、可謂仁之方也已。
>
> 子貢曰はく、如し博く民に施して、能く衆を濟ふ有らば、何如。仁と謂ふ可きか、と。子曰はく、何ぞ仁を事とせん。必ずや聖なるか。堯・舜も其れ猶ほ諸を病めり。夫れ仁者は己立たんと欲して人を立たしめ、己達せんと欲して人を達せしむ。能く近

く譬を取る。仁の方と謂ふ可きのみ。　（「雍也篇」）

「子路篇」と「雍也篇」で孔子が言及している「達」という言葉の内實をどう考えるか。「達」について、一方は「士」が所得すべき成果としての「達」であり、一方は「仁者」が所得した徳の實現形態がどういう狀態であるかを説いていると解釋するがことができるとすれば、二章の「達」は同じ内容の概念として捉えることができる。

「顏淵篇」では、孔子は、「達」の内實を定義づけて「質直にして義を好み、言を察して色を觀、慮《おおかた》以て人に下る」ことと言う。かかる内實を備えた「士」であってこそ、「邦に在りては達し、家に在りても達す」と説く。この孔子の解釋は何を意味しているかといえば、「士」が達していてはじめて「邦」も「家」も達することができることを言っているのである。逆に言えば、「邦」も「家」も達していなければ、それらと關わっている「士」は達していることにならない。達と名づけるべき内實を備えていないと言っているのである。

「雍也篇」の「己立たんと欲して人を立て、己達せんと欲して人を達せしむ」というのも上述と同様な内容を含意している。

己が立とうと望むならば、先ず人（他者）が立つことが出來るようにし、己が達せんとするなら、人が達することができるようにするということを言っているのであるが、これは己だけが立つことが出來、達することが出來るものではない。己が立つことが出來、達することが出來る狀態にあるのは、人つまり他者も立つことが出來ていて、達することができているからだということを言っているのである。

一般化して言えば、「立つこと」「達すること」は、それを望む人だけが「獨立」したり、「獨達」したりできるのではなく、人つまり他者も「獨立」し、「獨達」することができていて、初めて己の「獨立」、「獨達」が成り立つという相即の關係にあることを含意していると解釋して、初めてこの章句の意味内容が腑に落ちてくるのではなかろうか。

從って、「能く近く譬を取る。仁の方と謂ふ可きのみ」という孔子の結語は、比べてみれば、二つの事象が同じ狀態や狀況を現出していると見定めることが出來ていて、それは仁が比方して（ならんで）いる狀態・狀況だと演繹している、仁は「仁者」だけで成り立つ概念ではなく、「不仁者」がそこから脱却することができて初めて仁なる概念が成立するのだと言っていると解釋するのが妥當ではなかろうか。

さすれば、宋學が仁を萬物一体と規定しようとする思惟とこれまた深層の所で繫がっていると評しても的を大きく外してはいないと考える。

注

（1）テキストは『日本名家四書註釋全書』によった。

（2）テキストは、「新日本古典籍総合データベース　論語徵集覧」によった。

(3)『論語集注』(1　平凡社　東洋文庫　二〇一三年)

(4) テキストは中華書局『新編諸子集成』(第一輯　一九九〇年)によった。

(5)「聖人」については、本田済「聖人」(「人文研究」第一九巻　第一〇分冊　大阪市立大学　一九六八年)を参照。

(6)「自然」の訓讀等の問題については、森三樹三郎『無為自然の思想』(人文書院　一九九二年)参照。

(7) 森三樹三郎「自然と人爲」(「哲學研究」四三巻　一九六七年　京都哲學會)參照。

(8)「泰伯篇」で、「子曰、巍巍乎、舜禹之有天下也、而不與焉」といい、「子曰、大哉。堯之爲君也、巍巍乎。唯天爲大、唯堯則之、蕩蕩乎。民無能名焉、巍巍乎。其有成功也、煥乎其有文章」と堯は天に則っていて、天子という存在を超えた名づけようのない、つまり名を持たぬ存在、通常の天子を超えた存在、敢えて名づければ天に比定されるだけであって、個別的價値觀の對象外の存在と言っている。

(9)「雜草という名の草はない」とは昭和天皇の名言である。この言に従えば、國民という名の民はいない、ということである。國民とは民の個別性を止揚した概念である。無名化された民の集合體が國民である。『韓非子』に「喩老」「解老」兩篇が遺されていることはこのことと無縁でないと考える。つまり無名化、個別性の否定超克と法思想とは無縁ではないと考えられるからでる。

(10)「生知安行」について、土田健次郎氏は、「或いは生まれながらにして之を知り、或いは学びて之を知り、或いは困しみて之を知る。其の知るに及びては一なり」（『中庸』第二〇章）、「生まれながらにして之を知る者は上なり。学びて之を知る者は次なり。困しみて之を学ぶは又た其の次なり。困しみて学ばず、民斯れを下と為す」（季子篇第一六・第九章）。これらは生まれつき知の働きが完璧な存在があることを言うが、それが孔子をはじめとした聖人であることは言うまでもない。しかし、一方では、「我は生まれながらにして之を知るに非ず」（述而第七・第一九章）と、孔子自身が自分は生まれつき完璧ではないと言う語がある。程頤や朱子は、聖人は生まれつき心も行為も完璧であって、学問は必要が無いはずなのだが、聖人自身はそれをそのまま追認せず、学ぶ者のためにみずからになぞらえて学問による向上を説いたとするのである。」（土田健次郎『論語集注』補説）

ただ、程子と朱子の解釈の間には微妙な相異が認められる。朱子は、「生知安行」を認めつつ、「獨り其の進むを覺えて、人の知るに及ばざる者有り」と言って、孔子にとっては、學ぶ行爲とその進化とは自覺されているが、他者のそれとは次元が異なっているため、他者の理解を超えていたとして、程子の「生知安行」説との整合性を保とうとしている點があり、仁齋や徂徠もその點を見逃すことなく、聖人とて學んで至っている論を展開したと言えるのかもしれない。

（11）島田虔次『朱子学と陽明学』では、「『聖人学ンデ至ルベシ』ということこそ、宋学ぜんたいの根本モチーフであり」、「聖人の概念」が「内面化され、仁義道徳の完全な体現者としての聖人に移っていた」のが「宋学」であると説いている。「学んで聖人に至った」仁義道徳を體現する人爲つまり人欲を去ることと天理を存するつまり宋學が理念化したこの世界總體のあるべき自然狀態の現出を「聖人の内面化」だと理解するのが當たっているとすれば、人欲と天理とは相即の關係にあることになるだろう。大胆に言えば、天理人欲を内面化せしめるために圖らずも相即の論理に行き着いたのでなければ、人欲を去ることと天理を存することとは、それぞれ獨自に成立する仁義道徳の到達點ではなく、相即していると考えるに至ったのではなかろうか。修養論的に言えば、人欲を去ることによって天理を存することになるという階梯を意識しているのだろうが、天理の内實をどう考えるかによって、人欲を去る方法も異なってくるだろう。

(12) 「蓋闕如」の讀み方については、木村英一先生の『論語』(講談社、昭和五〇年)「知らない所は言わない」貌という解釋に從った。

(13) 經と權については、森三樹三郎『中国文化と日本文化』(人文書院、一九八八年)で、中國思想の特質の一つとして俯瞰的に論ぜられており、『公羊傳』の思想的特質に即しては日原利國『春秋公羊伝の研究』(創文社　昭和五十一年)参照。

(14) 『春秋公羊伝の研究』三〇三頁

(15) 俞樾『群經平議』の「無慮と大氐とは同じ、古人自から複語有るのみ。亦或いは慮と言ふに止まることあり」の説に從った。

(注　補)

相即の問題について、『論語集注』には次のような思惟を指摘することができる。

八佾篇「繪事素後」の章句で、楊氏は「忠信之人、可以學禮。苟無其實、禮不虛行（忠信の人、以て禮を學ぶ可し。苟も其の實無ければ、禮虛しくは行はれず）」と注解している。

忠信と禮とは、不可分だとして、禮はそれだけで行われるのではない、というのが「禮不虛行」の意味であろう。禮が行われるのは既に忠信が備わっているからなのだというのが、「苟無其實、禮不虛行」の謂である。忠信を基礎にして成り立っている概念は禮以外にもあるが、禮は忠信を抜きにして成立する概念ではない。禮といえば、忠信が根底にある。禮と忠信は相即だと言えるだろう。忠信ならざる人の禮は、形骸化した禮であることも十分意識しているのが「忠信の人、以て禮を學ぶ可し」の謂であって、形骸化した禮でも忠信が根底にあると考えているのではなかろうか。性悪を説く荀子の禮説を意識してのことかも知れない。

同じような思惟を擧げると「八佾篇」「祭るときは在すが如くす」の『集注』に次のような注解がある。

「有其誠則有其神、無其誠則無其神（其の誠有れば則ち其の神有り、其の誠無ければ則ち其の神無し）」という注解である。神を意識するのは誠を具備しているからであり、誠が具備されていなければ神は意識されない。誠はそれ自體で成立する概念であるが、神はそれ自體で成立する概念ではない。神といえば、誠がついて回っているのであって、神と誠は相即しているとする思惟構造である、と評しても的外れではないだろう。

小論は、二十有五年の間同僚だった文学部宇佐美一博教授が二〇二一年度を以て定年退職されるに當たり、記念と感慨を込めてまとめたものである。

附編　漢文訓讀のこと

日常と非日常の衝突があって、初めて自己の世界のありように対する反省とその再検討や新たな世界の認識とその受容と構築がなされるのだと考えてもいいでしょう。それぞれが慣れ親しんでいる言葉と異なった言葉に遭遇した場合、同じ母国語であっても、戸惑いを感じ、違和感を抱く場合が多いと思います。時には拒絶反応に至る場合もあるかもしれません。

因みに、以下に挙げた二つの文章は辻原登の『許されざる者』という小説の一節です。丁度日露戦争前後の頃の紀州の新宮を舞台にした小説ですが、登場人物の警察署長の台詞に「永野の奥様が消えてしもうた。わしの心境は、風蕭蕭として易水寒し、や」という言葉が出てきます。

そして次に、

……恭《うやうや》しくおもんみれば、現下の戦役に当たって、将卒の職責を尊重し、身命を惜しまず、或《ある》いは進んで銃砲火を冒し、或は白兵相逼《せま》り、斃《たお》れてのち已《や》む者、何ぞ限らん。……一朝陣亡し、たちまちにして幽明を隔つるに……、我陸軍歩兵中佐橘周太君は、忠誠天性に出で、夙に篤行を以て顕《あら》はる……

更には、

……石光眞清、この追悼会にのぞんで感慨殊に深し、直ちに胸臆《きょうおく》をのべて文字を修飾するいとまあらず、切に願ふ六位在天の霊、眞清が狂愚を咎むることなく、寛宥《かんゆう》して之《これ》を聴かれん事を。

明治三十八年四月八日　　第二軍管理部長　石光眞清

と結んでいます。

最初のは、署長の引用の仕方は少し無理があるかも知れませんが、ともかく心にぽっかり穴が開くような寂しさを表現するために、このような言葉を引用しています。（荊軻が燕の太子丹のために始皇帝を刺殺に行く途中、易水で見送りの人と別れるときに歌ったもの。この句の後に、「壮士ひとたび去ってまた還らず」という）

後の二つは、祭文という少し通常とは異なった文なのですが、大体の意味は把握できるとは思いますが、あるいは繰り返し読んでも文意を取りにくい諸君もいるかも知れません。ほぼ百年前の人はこの程度の文章が書けないまでも、読むことは出来るような言語環境にいたということになります。

文意の精確な理解は辞典を引いて十分理解するようにしてもらうこととして、百年前というと皆さんからすれば、曾祖父の時代くらいになりますから、この時間の隔たりはそうたやすく埋められるものではないと思います。従って、引用した文章がすんなり理解できなくてもある意味やむを得ないことだと思います。

そうはいいつつも、こうした表現がある程度しっかり理解できる素地はこれまでの教育の中では培われてきていることも事実です。つまり国語の教科の中で漢文としてみんなが習っているのです。

漢文というと、皆さん頭からあれは苦手だと思い込んで頭を抱え込む人も多くいるかも知れません。一方、漢字に対する関心が強くなっていて、漢字に興味を持っている諸君もいます。

ただ、漢文、つまり漢語による表現形式は、厄介な言葉であることは、全くその通りでして、漢文は勘で読むから「かんぶん」というのですと、恩師はその厄介さを冗談めかして仰っていました。つまり、文法という規則がない言葉なのです。

嘗て中国の高名な古典の研究者に、中国語ができないのに、中国の古典を研究している不可思議さについて、日本では、訓読という技法があり、漢文を読み解いていると説明をした上で、現代中国語とは殆ど性質を異にする古典中国語即ち漢文の意味を理解するに当たって、どのような読み方をするのかと尋ねたことがありました。

先生曰はく、字形を眺め、字音を通して読解している、と。

漢文には文法と呼ばれるような法則は殆どないなかでは、このような答えが返ってくるのは、当然の帰結といえば、それまでですが、中国語を読み書きできる者が古典中国語を読みこなすことに難渋していることは、中国人留学生と古典を読んでいて経験済みのことですから、古典を専門にする研究者の古典読解も、ある意味では、勘で読解していると言っても過言ではありません。
この訓読の技法の発明開発は、日本人が考え出した異国文化受容の優れた対応力というか吸収力の成果の重要な一つであるとの指摘は、漢文を事としていない人と談たまたま漢文や漢字に及んだ時に耳にすることがあり、改めて訓読の技法に想いを致す契機を与えてくれます。（注　韓国などの漢字文化圏ではその国独自の漢文の読解法がある）
これは、宇佐美一博教授からのご教示によるのですが、仏国の精神分析研究家のラカン氏（1901〜1981）も、日本人の訓読の発明開発について、異文化受容における優れた成果業績であるとの注意を喚起しているとのことであります。
先ほど漢文には文法がないというようなことを申しましたが、それでも、一定の慣用的な決まりめいたものはあります。そこに着目して、異国語を何とか読み解こうとしたのが漢文訓読の工夫だと言えるかと思います。例えば、

まさに……すべし

ご承知のように、漢文訓読には一定の決まりのようなものがあります。再読文字はその一つであります。

表題の「まさに……すべし」と訓があたえられているのは、「当然」「当為」というよく出くわす熟語に用いられているように、「当」が代表的であり、「然るに当たる」「爲すに当たる」と訓じても問題ありませんが、ふつう「まさに然るべし」「まさに為すべし」と

訓読しています。「当然」は、強く言えば「そうあらねばならぬ」という意味でありますが、「そのような状態にあることがぴったりである」ということであり、「当為」は「そうしなければならない」というのは言うまでもないかと思います。

この他、「応」や「合」「会」も「まさに……すべし」と訓ずる再読文字であります。最後の「会」は、「会当」とか「会須」と熟して用いられて「まさに……すべし」と訓ぜられることもあれば、「かならず」と訓ずることもあります。現代中国語で常用される「応該」は「ねばならない」と訳され、「応当」も同じ意味で使われています。

殊更なる見解でもなく、コロンブスの卵の事例に属することでもありますが、上に挙げた当・応・合・会・該の諸字は、すべて「ものごとがあること、或いはあるべきこととぴったりあてはまっている」状態を表わすことを意味内容とする漢字であります。そのことを表わそうとして古人は「まさに……すべし」と訓じたわけです。この工夫には頭が下がるのではないでしょうか。そして、恐らくこの訓が人々の共通理解を得て定着するまでには紆余曲折があったろうと推測しますが、定着してしまうと再読文字という一定の技法を伴って代々受け継がれてき、再読文字のことなど意識されもせずに今に至っていると言えるのではないかと思います。

信　義に近ければ、言　復すべし、恭　礼に近ければ、恥辱を遠ざかる

これは『論語』学而篇の言葉であります。「復」の訓詁については、『論語集解』は「覆」

とし、反復の意味にとり、更に次のように解釈しています。「義必ずしも信ならず、信必ずしも義ならざるなり。其の言反復すべきを以て、故に義に近しと曰うなり」と。

義（ただしいこと・社会的妥当性）は信（ことばのまこと）とは限らない、信が義とも限らない、なかで、その言葉を反復することができて、即ち人々の共通の理解する所となって、義が成立するのだ、というのが、古注の基本的理解であろうと思います。義と信とは相互依存の関係にあって一方的に成立するものではない。義にせよ、信にせよ、義が成り立つために信がなければならないし、信が成り立つためには義がなければならないということを含意している、もっと言えば義と信とは相即しているとも言えるでしょう。「当然」とか「当為」とかはそのような内実を持って成り立っているのが人の世の常であることを理解しての解釈だと言えるでしょう。

「恭」と「礼」の関係についても、「恭　礼に合わざれば、礼に非ざるなり。其の能く恥辱を遠ざかるを以て、故に礼に近しと曰ふなり」と注しています。礼の成立する根拠を「恥辱」という人間の内面を形成する心性の一部に求めていることになります。礼という外在的規範の成立根拠を人間の内面性に求めていると言い換えることもできましょう。更に言えば、

人間性の外在化したものが礼であるということでもあります。

何に恥辱を感じるかは個人差、社会や時代の違いによって異なってきます。恥辱の個人

差の両極端は「無恥」と「足恭《すうきょう》」であって、恥無き徒にとっては、礼は成立の根拠を持たないでしょう。礼を意識しすぎるか、礼に囚われすぎて他者を意識しすぎる人が足恭の人と評されてしまうのではないかと言えるかと思います。さすれば、恥と礼とは相互に依存して価値なり、意味を形成していて、いずれか一方のみで固定的な一元的価値を形成するものたり得ないということが含意されているのだと言えるでしょう。「義」と言い、「礼」と言っても、固定的一元的な価値体系を持つものではないということを確認したのが古注の立場だったと言えるのではないでしょうか。

このように一元的な価値体系や見方を避けようとするところが、漢文表現、言い換えれば、中国人のものの見方だということができます。だから、漢文のあるいは漢語の表現の一番の特色は対句や対語による修辞であると言えるかと思います。つまり、物事を相対化して見るという特色が顕著であるということであります。

ところで、上に引いた論語の章句は、句読を無視して記せば、「信近於義言可復也恭近於礼遠恥辱也」と書かれます。これを書き下したのが表題の文であります。「信」と「義」、「恭」と「礼」の間を一字空格にしたのは、「信義」「恭礼」と熟して読まれることを避けようとしたためであります。

間髪を入れず、綺羅星の如し

教育テレビに「ことばおじさん」という番組があります。この番組では日本語の乱れや誤用などが問題として扱われています。たまたま視聴していて関心を惹いたのが表題の誤用や誤解の説明です。

「間髪」を「かんぱつ」と誤読したり、「綺羅星」を「キラ星」と誤解している説明について具体的にどのような説明をしていたのかは、ほぼ忘却の彼方にありますが、確実に記憶していることは、漢文の原文を取り上げて、その訓読に引かれた誤解・誤読であるとの説明がなかったことであります。

上引の二つのことばの出自は、漢語の「間不入（容）髪」「綺羅如星」であります。少しでも漢文に対する関心と素養があれば、この漢文を書き下すことに伴って生じた誤読であり、誤解であることは容易に推察推量できると思われるのですが、そうした説明がなかったのは担当者の間に漢文に対して馴染をもつ構成員がいなかったからなのだと推測しました。

これも「間　髪を入れず」「綺羅　星の如し」と表記すれば、少しは誤読を免れるでしょうが、古人の常識はそうした表記を必要としなかった。また、「間に髪を入れず」とか「綺羅は星の如し」とでも読み下したり、書き下していれば、後人を迷わせ誤らせることも少なかったのでしょうが、先人の言葉に対する感覚はそうした冗漫さに耐えられなかったに違いないのであります。

これ以外に「やむを得ず」が取り上げられて、「やむおえず」とか「やむをおえず」と誤解、誤読して、この言葉の本来の意味を理解していない人がいることが紹介されて、誤解の基づく理由が説明されていました。この場合も漢語に立ち返っての言及はなされませんでしたが、これも「不得已」という漢語の訓読の素性が忘れられたことによる誤解なのだろうと思います。蛇足になりますが、「已むを得ず」とは、そこで止まることが出来ない、そこで止まれば良いものをそこで止まることが出来ないという意味であります。

かかる類の誤解や誤用には、殊に漢語をもとにした表現については、本質的には漢語と日本語の語順の相異にもとづくのでしょうが、日本語の問題として言えば、書き言葉と話し言葉が慣れ親しみすぎたために生じた言語現象の不幸な変質である場合が多いのではないかと思います。

この番組で、最近も「天地無用」という言葉の意味に関連しながら、無用という言葉の使われ方を問題にしていました。同じ無用でも幾つかの使い方があって、一定ではないということです。ご覧になっている方もいるかも知れませんが。

天地無用は、逆さまにしてはいけないということですが、これを訓ずると天地用いること無かれということになります。どうもこれは和製漢語のようですが。

無用の長物とか無用の用となると、役に立たないということですし、無用の者立ち入るべからずとなりますと、用の無いものということになります。

いずれも訓読してみると、理解しやすいのですが、今回の説明でもそうした訓読による説明はされていませんから、漢文の知識をもったメンバーがいないのでしょう。

絶体絶命と絶対絶命

状況や状態が危殆に瀕していることを表現する「絶体絶命」は「体を絶ち命を絶つ」と訓ずれば、意味はより明瞭になり、「絶対絶命」と書き誤る恐れは高い確率で減少すると思います。「絶対絶命」と誤記するのは、「絶対」を、全くとか、必ずとか、意味を強める言葉と解したための誤用だと思われますが、この「絶対」も「対《つい》を絶つ」と訓ずれば、その意味はより明白になります。

「対を絶つ」とは、向き合うものを持たない、敵対する相手がいないことを意味する表現であります。

存在を強く意識すれば、絶対なるものは唯一無二なるものとして捉えることになりますが、絶対なるものを果てしなく追い求めて追い求め得なくなると無の世界に行くしか道がなくなり、混沌の世界に迷い込むことになるのでしょうか。

絶対は絶待とも書きますが、「待つを絶つ」であって、向かい合う相手を失っているということに変わりはありません。

「対」は対偶と熟して用いられるように、二つそろっていることやものを言います。従って、「絶対」には対偶としての相手を失うという用例もありまして、その意味で用いられるとすると「絶対絶命」は、恋人を失って命を絶ったというようにも理解でき、「絶対絶命」を誤った用語と一概に断ずることはできなくなります。

反訓のこと

対のことを申しましたので、また、対句表現や対語が修辞法として多用されることをお話ししましたが、それに関連することだと申してもよいかと思いますが、反訓ということがあります。その代表的な漢字が「乱」という漢字の使い方です。漢語の用法としては「みだる」「みだれる」という意味で使われますし、それが原義なのですが、乱れるとは正反対の意味つまり「治まる」という意味で使われることがあります。

あるいは、離れるという意味で一般的に使われる「離」という漢字が「麗」と同じように「つく」という意味での使われ方を言います。どうしてこのように一つの漢字が全く逆の意味を以て使われるのか、混乱状態がとことんのところまで行けば、自ずからなる秩序形成の力が働いてくる、離れていてもそれはくっつくための待機状態であるというように考えているのかどうかは分かりませんが、一般的には物事が窮まると自ずから元に戻るという循環論的世界観が背後にあるというように説明されます。あるいは乱れている状態も離れている状態も現象上の差異に過ぎなくて本来は同じ現象だというように考えているのかも知れません。

この世界を精確に捉えようとすると曖昧になってしまう、曖昧にしか捉えられないのがこの世界であるというように考えるのは少し穿ちすぎなのかも知れませんが、漢文表現の難渋さとか厄介さの背後にあるのはその世界観と深く関わっているとも言えるわけでして、反訓というのはその象徴かも知れないと思うことがあります。

訓読の技法は現代の言語生活でも生かされているというか、日本語は元来造語能力が弱いといわれますが、そうした中でも、漢語を読む方法を応用する形で外国語を日本語化しています。デートするとか、ジャズるとか、ハモるとかの表現は、訓読の流れに沿ったものだといっても良いでしょう。

漢文でも、「地」とか「日」とかの漢字が地名を挙げるとか地名を書くという意味で訓ずる場合には、「地いふ」とか、「地する」とか、「日いふ」とか「日する」というように訓じています。デートするというのと全く同じ外国語の日本語化が行われていることになりますので、知らぬ間にデートという言葉の意味に従ってそれを読み下していることになっているのです。

安吾をどう訓ずるか

ところで、漢字は一つ一つの文字が発音と同時に意味を持っているので、漢字は表音文字でないのは言うに及ばず、表意文字でもなく、表語文字だと規定されています。だから、固有名詞でも意味を取って理解すると意外に興味深い発見があります。

『封神演義』という抱腹絶倒の小説がありますが、この小説の訳者は安能務という人です。宇佐美一博教授がこの名前には意味が託されていて、敢えてそれをペンネームにしていて面白いですね！　と教えてくれたので分かったのですが、皆さんの中にこの名前を読み解く人がいらっしゃったら、相当な漢文読解力の持ち主だと思います。

「安」は「いずくんぞ」と読んで、反語や疑問を表す助字だということが分かれば後はたやすいかも知れません。「いずくんぞ能く務めんや」と読むことができて、この三文字には「あほらしくて真面目にはやっておれない」という意味が託されているということになろうかと存じます。

戦後直ぐの作家に坂口安吾という作家がいます。

坂口安吾の命名の由来については不案内ですが、訓読すると幾通りかの読み方ができます。「吾に安んず」と読むのが普通でしょうが、「吾を安んぜしめよ」とも読めますし、「吾に安んぜんや」とも読めなくはありません。更に「安くんぞ吾ならんや」とか「安くにか吾あらん」とも読むことが出来ます。

このように考えますと、向き合う確かなものを持たない混沌の世界を彷徨っていたことがこうした名前をつけたのかと妄想してみたくなります。

難渋な異国の表現を国語としてしまう訓読の技法というのは、初めの方でも申しましたように、世界の文化現象の中でも出色の仕業であると言えるのではないかと思うのです。

こうした訓読の技法を廃らさないように、意識して漢字や漢語、漢文に接してみると、皆さんの言語感覚をより豊かにするのではないかと思う次第です。

この話を切っ掛けにして訓読のことや漢文のことに改めて関心や興味を抱いて貰えればと念願して話を終わることにします。ご清聴有り難うございました。

初出一覧

第一編　論語と中庸

孔子の孝と中庸と／『東洋學論集』朋友書店、昭和五十四年、113-126頁

子入大廟毎事問章或解／『法制と文化』愛知大學文學會、平成十一年、325-345頁

子畏於匡辨疑／『東方學』第八十二輯、東方學會、平成三年、19-28頁

莫見於隱、莫顯於微／『文學論叢』第百四十三輯、愛知大學文學會、平成二十三年、1-12頁

第二編　春秋左氏傳

春秋何始於魯隱公／『文學論叢』第百三十九輯、愛知大學文學會、平成二十一年、1-22頁

鄭の子產と晉の叔向／『東方學』第四十四輯、東方學會、昭和四十七年、22-36頁

吳の季札―その讓國をめぐる諸問題―／『東方學』第四十八輯、東方學會、昭和四十九年、1-11頁

左傳心字考／『中國學論集』研文社、平成二年、47-63頁

第三編　史記列傳
伯夷・叔齊について／『待兼山論叢』第二号、大阪大學文學會、昭和四十三年、22－38頁
伍子胥傳について／『中國哲學史の展望と模索』創文社、昭和五十一年、273－291頁

第四編　中國的思惟の問題
漢文表現と中國的思惟の特質に関する一二の考察／『中国学の十字路』研文出版、平成十八年、492－505頁
『論語集注』聖人論の思惟／『文學論叢』第一五八輯、愛知大學人文社会学研究所、令和三年、87－104頁
附編　漢文訓讀のこと／愛知大学豊橋語学研究室「LLニュース」No・8　37　二〇〇八年　一－6－18頁をもとに、平成二十年愛知教育大学で講演した原稿に加筆補正

跋語

まえがきに代えてとまえがきもどきを書いた。学会誌や所属大学の機関誌、更には記念論文集の末席を汚して発表した論稿を一書に纏めたのが、この書である。

中国的思惟に対する問題意識が通底していることを再確認することが出来た。問題意識が問題や課題を解き明かすことができているのかどうか。覚束ない。

追及する側の力量に過半の問題があることは言うまでもないが、追及される対象の一端に些かでも迫ることができていたとすれば、対象のもつ構造的問題を露呈せしめているのではないか、との放埒な考えが頭を擡げなくはない。中国的原理が奈辺にあるにせよ、それが普遍性をもち得るのかということは考えてみるに値することであろう。

一書を通じて論稿の漢字が正字体だけのがあるかと思えば、当用漢字と正字体とが混在した論稿をそのままにしていて、一書としての統一性を欠いている弊は、漢字表記の文字を扱うことの戸惑いの為せる所である以上に、生来の当座凌ぎの為せる所である。

尋常ならざる才能がある上に幼少期から漢文や漢籍に親しんできた先人や恩師と異なっ

て、然したる器量もない上に弱冠の歳を控えて本格的に手ほどきを受けた者の漢文読解の底の浅さを補おうしたのが文法を持たぬ漢字表記による表現の背後に隠れている思惟を読み解くことであったのかもしれない。

伝統中国の思想や歴史を学ぶ研究者或いは関心を抱く人にとって、本書が九牛の一毛にでも價れば、一書として上梓したことが徒労ではなかったことになるのだが。

著者識す。

西紀二千二十一年八月コロナ禍の最中

著者プロフィール

安本 博（やすもと ひろし）

昭和13年生まれ
兵庫県出身
大阪大学文学部哲学科中国哲学専攻卒業、大阪大学大学院文学研究科博士課程単位取得満期退学
兵庫県立湊川高校・川西高校（共に定時制）教諭、愛知大学教授、大阪樟蔭女子大学、愛知教育大学、名古屋大学、豊橋技術科学大学、大阪大学、人間環境大学講師歴任
愛知大学名誉教授
現在、NHK豊橋文化センター、NHK浜松文化センター、暮らしの学校岡崎校で『論語』の講座を担当
愛知県在住
単著：『春秋左氏伝』（角川書店　平成元年）『春秋左氏伝』（角川ソフィア文庫　平成24年）
共著：『中国哲学を学ぶ人のために』（世界思想社　昭和50年）『論語の世界』（新人物往来社　昭和60年）『中国思想概論』（高文堂出版　昭和61年）等
校訂：『中庸解』（河出書房新社「荻生徂徠全集」第２巻　昭和53年）
訳注：『續書斷』（書源社「書源」昭和53年から昭和56年分担執筆）等

中國古代思想研究

2021年12月15日　初版第１刷発行

著　者　安本 博
発行者　瓜谷 綱延
発行所　株式会社文芸社
〒160-0022　東京都新宿区新宿1－10－1
電話　03-5369-3060（代表）
03-5369-2299（販売）

印刷所　株式会社フクイン

ISBN978-4-286-23051-1